閱讀

一點靈

深耕語文能力的二十二個小故事

廖文毅 編著

【推薦序】

培養閱讀意識，成就美好風景

　　二〇〇六年，我懷著滿腔熱血，來到臺南一所偏遠小校服務，這所迷你小校，同時也是天下雜誌教育基金會希望閱讀聯盟小學。二〇〇八年五月，幸運的我，獲選為希望閱讀種子教師，與一群對閱讀教育充滿熱忱的夥伴到海外取經，參加香港閱讀教育研習活動。這趟香港小學教育現場之旅不但開拓了我的視野，更讓我深深體會到「課外閱讀課內化」的重要性。我認為，閱讀不應只是片段式的學習，應該要更有系統、更有策略。

　　這些年，我不斷思考閱讀的本質，並且成立深耕閱讀教師團隊，透過教學現場實作、觀課、議課、網路社群分享討論，以及校外閱讀推廣，傾全力投入閱讀教育。我認為，與其敲鑼打鼓的推動閱讀，倒不如思考什麼才是有效而適當的閱讀教學。

　　二〇一三年，我到上海參與閱讀研習會，也有很深的體悟。其中，語文教研員薛峰老師對課程改革的觀點，更讓我重新檢視自己的閱讀教學。他說，老師們在教學過程中，經常有意無意的呈現出一種茫然，有可能講講故事，或是帶入一種情感，就覺得教學到位了。他們認為，語文也要學習一種思想方法的，希望透

過教師的培訓課程以及師徒制的備課文化，幫助學生樹立一種專業的閱讀意識，而非「碎屍萬段」的語文教學。

　　推動閱讀寫作八年，結識許多有心翻轉傳統教育的推手。這次得知文毅老師的第三塊拼圖——《閱讀一點靈》即將出版且榮幸受邀撰寫推薦序，讓我內心充滿興奮與驚喜。這是一本幫助老師學習分析文本、培養學生獨立閱讀、養成專業閱讀意識的好書，也是文毅老師從事多年兒童文學創作、長期投入第一線閱讀寫作教學工作的智慧結晶。誠如文毅老師在自序中所言：「享受文章美之餘，又能涵泳它的語詞美、結構美，最終甚至可以進化為創作美，是本書編寫的最美好目的。」期待文毅老師這樣美好的寫書動機，能成就更多閱讀寫作的美好風景。

臺南市龍潭國小教師　李佳茵
（九十九年天下雜誌閱讀典範教師，
一〇〇年教育部閱讀推手）

【自序】
為自己準備一本閱讀存摺

　　繼《童詩一點靈》與《作文一點靈》後，作者再補上第三塊拼圖——《閱讀一點靈》，希望更全方位提升學生的語文基礎能力。

　　「閱讀為作文之母」，是打好作文能力的基本功。本書「範本區」的二十篇故事，都曾發表於《大紀元時報》「教育園地版」，是作者從事多年兒童文學創作的精選集。

　　每篇故事都繪製專屬「心智圖」，讓學生清楚掌握文章架構；「語詞寶典」學習優美語詞；「小試身手」進行反饋測驗；「閱讀心得」練習寫作技巧；「故事彩繪」活化美學涵養；最後的「動動腦時間」開發語文潛力。如此循序漸進，必能學習到透視與駕馭故事的能力。

　　文末「進階區」特選二篇作者發表於《國語日報》「故事版」的文章，進行加深、加廣的特訓，從「故事大意」與「段落大意」的習寫，到「我是演說家」與「我是小作家」的發揮，步步邁出成功閱讀的堅實步伐。

　　閱讀的最大動力來自於樂趣，樂趣又是美感教育的萌芽種子，享受文章美之餘，又能涵泳它的語詞美、結構美，最終甚至可以進化為創作美，是本書編寫的最美好目的。

　　萬丈高樓平地起，除了「大量閱讀」的不變呼籲外，深入體會故事內容，充分掌握故事結構，就能輕鬆理解故事的多元性，讓閱讀除了欣賞與思考的能力培養外，也能多一份創作與發表的喜悅，為自己準備一本閱讀存摺，提早為未來的「終身閱讀」鋪上一條康莊大道。

CONTENTS

第一單元 範本區

第二單元 進階區

參考答案

第一單元

範本區

故事一 規矩鴨

李小鴨生活在一片藍得發亮的美麗湖畔,附近蘆葦叢生,魚蝦又多,是一處適合躲藏與覓食的好地方。

李小鴨有個習慣,就是做事一板一眼,總會訂下許多規則。例如:早上五點起床;六點吃第一餐,而且只能吃七分飽;中午小睡三十分鐘,一分不差;甚至與同伴玩遊戲,也要玩三十分鐘休息五分鐘。規矩之多不勝枚舉,還好大家都了解牠的個性,久了也就不以為意,於是牠便有個外號叫「規矩鴨」。

今天規矩鴨又出來湖邊覓食,由於最近食物短缺,牠只好游到更遠的湖岸邊,但這又違反牠的安全守則第三條規定:「不可以到陌生的環境遊玩或覓食!」只是餓得發慌,只好在邊緣徘徊,這樣就不算違規。

「嗯，那我就在這裡覓食了！第一步，要先看看左右邊，確定沒有危險；第二步，深吸一口氣；第三步，潛入水中；第四步，咬住小魚蝦或小蟲；第五步，浮出水面；第六步，游到湖邊大快朵頤一番！」這是規矩鴨自訂的「潛水覓食守則」，共六步，必須按部就班，一步都馬虎不得。

正當規矩鴨潛入水裡咬到一條小魚，滿心歡喜的浮出水面，突然看到前面不遠處，有一個大嘴巴張在那裡！

「規矩鴨，快逃命啊！鱷魚來了！」同伴發覺異狀大聲呼喊，規矩鴨一時亂了方寸，嘴裡銜著小魚，還在數：「第六步，游到湖邊。糟了！小魚掉了，要重算了，現在是第幾步呢？」

眼看鱷魚的嘴巴愈來愈靠近，規矩鴨還在算著牠的規矩，就快要成為鱷魚的點心！突然平靜的湖面傳來「砰」的一聲槍響，獵人也出現在附近，鱷魚嚇得一溜煙逃走了，反而救了規矩鴨一命。

死裡逃生的規矩鴨深自反省，規矩固然重要，但適度的「彈性」似乎更適合自己。

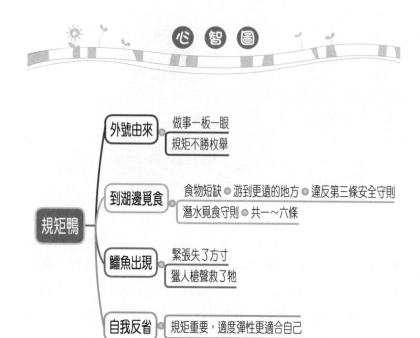

🖎 語詞寶典

1.一板一眼：比喻人言行謹守法規，有條有理。

　例句 他這個人做事向來一**板**一**眼**的，你千萬馬虎不得。

2.不勝枚舉：事物太多，不能一一舉出。

　例句 臺灣出產的水果種類**不勝枚舉**。

3.大快朵頤：指飽食愉快的樣子。

　例句 媽媽煮了滿桌的好菜，我又可以**大快朵頤**一番了。

4.按部就班：指做事依照一定的層次、條理。

　例句 這部機器只要照著指示，**按部就班**操作就可以了。

5.方寸：比喻心或心緒、思緒。

　例句 這個意外事件令他一時亂了**方寸**。

🖎 小試身手

（　）1.李小鴨有個外號叫：（①乖乖鴨②頑皮鴨③規矩鴨）。

（　）2.李小鴨喜歡到哪裡覓食？（①沼澤②湖邊③草地）。

（　）3.李小鴨的安全守則第三條規定：（①不可以到陌生的環
　　　　境覓食②不可以跟陌生人說話③不可以說話不算話）。

（　）4.李小鴨潛水咬到小魚後浮出水面，看到誰的大嘴巴在不
　　　　遠處？（①河馬②鱷魚③大嘴鳥）。

（　）5.死裡逃生的李小鴨得到什麼教訓？（①再也不到湖邊覓
　　　　食②是規矩救了牠③適度的彈性更適合自己）。

閱讀心得

請你寫下閱讀故事後的感想。

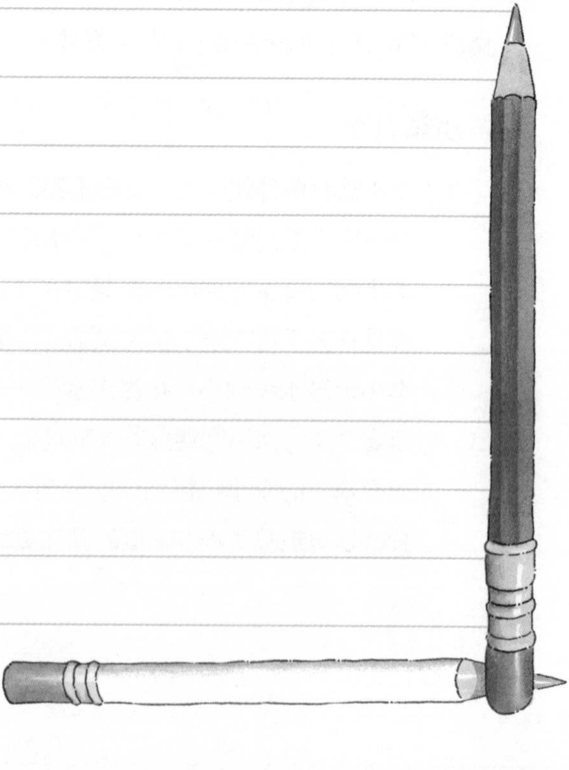

故事彩繪

請你畫出心目中的故事形象。

動動腦時間

請在▨裡填入適當的字，完成完整語詞。

範例：

	冷	
大	氣	層
	機	

練習：

	球	

	程	

故事二　禮貌小天使

白兔鎮正在舉行一年一度的禮貌小天使選拔活動，當選者將可以打扮得漂漂亮亮，成為代表小鎮參訪鄰近村莊的親善大使，參賽者無不卯足全力，讓原本平靜的小鎮頓時熱鬧起來。

經過一連串的初賽程序，最後進入決賽者共有三位，分別是古小兔、江小兔與丁小兔。

古小兔將自己打扮成可愛小公主，彷彿將春天花園裡最美麗的花朵裝扮在身上，再點綴青綠色的香草，全身散發出五彩繽紛的迷人色調；江小兔將自己裝扮成白雪公主，一身雪白的羽絨衣，配上拖曳的長裙，好像用北國冰雪塑成的動人雕像；丁小兔則衣衫潔淨整齊，沒有華麗的色彩，只有勻稱的身材，配上招牌微笑，好像一位人見人愛的鄰家女孩。

在眾人期待聲中，鎮長宣布最後勝利者：「感謝各位鎮民熱烈的參與，本人在此宣布，今年的親善大使是──丁小兔！」眾人一陣譁然，因為大家都以為最後出線的不是古小兔，就是江小兔，怎麼會是打扮平凡的丁小兔呢？

只聽鎮長語重心長的解釋：「我知道這與大家的期待有落差，但各位可別忘了，我們這次舉辦選拔活動的主軸是什麼？是想選出足以代表本鎮的『禮貌小天使』！古小兔的可愛公主打扮迷倒眾人，是本鎮最出色的一朵花，可惜她從上臺到結束，完全沒有正視我們一眼，眼神中充滿驕傲；江小兔的白雪公主打扮充分運用我們白兔族的天然膚色，潔白無瑕，美麗極了，可惜表情太過冷漠，冷到見不著一絲溫暖；反倒是丁小兔衣著打份雖然不如她們，卻一直把微笑掛在臉上，使烏雲見到也會讓出陽光，不開心的人心情跟著好轉，這不正是這次禮貌小天使選拔的真正目的嗎？所以不是大家不夠努力，而是努力的方向錯了，外在的裝扮只能加分，內在的誠意才是決定勝負最重要的關鍵。」

聽到鎮長的一席話，大家才恍然大悟，原來大家真的太重視外表，而忽略了內在的真正價值。

這時古小兔與江小兔不約而同的聯袂拉著丁小兔的手，兩人輸得心服口服，也承諾若有需要，她們願意全心全意幫助她，這讓所有白兔鎮民感動不已，用最熱烈的掌聲祝福她們，也讓白兔鎮再次成為遠近馳名的「禮貌小鎮」！

心 智 圖

禮貌小天使

- **選拔緣由** ── 當選者可以打扮得漂漂亮亮，成為親善大使
- **三強進入決賽**
  - 古小兔 ● 打扮成迷人的小公主
  - 江小兔 ● 打扮成動人的白雪公主
  - 丁小兔 ● 打扮成人見人愛的鄰家女孩
- **鎮長公布選拔結果**
  - 古小兔 ● 因為太驕傲而落選
  - 江小兔 ● 因為太冷漠而落選
  - 丁小兔 ● 因為一直把微笑掛在臉上而當選
- **選後影響** ── 鎮長的話提醒大家，白兔鎮再度成為遠近馳名的禮貌小鎮

語詞寶典

1.卯足全力：使上全部的力量。

例句 他**卯足全力**參加這次比賽。

2.五彩繽紛：形容色彩繁多，鮮豔絢麗。

例句 天空中**五彩繽紛**的煙火，令人目不暇給。

3.恍然大悟：忽然完全明白。

例句 經過老師一番懇談之後，他才**恍然大悟**，原來過去父母的管教都是出於關愛。

4.心服口服：形容非常服氣。

例句 父親的一番話讓弟弟**心服口服**，再也不堅持休學了。

5.遠近馳名：名聲流傳極廣，遠近的人都知道。

例句 臺南的小吃**遠近馳名**，因此許多人紛紛慕名前往品嚐。

小試身手

（　）1.白兔鎮為什麼要每年舉辦「禮貌小天使」選拔活動：
（①可以當親善大使②可以得到優待券③可以當電影明星）。

（　）2.三位小兔裡誰的打扮最像白雪公主？（①古小兔②江小兔③丁小兔）。

（　）3.丁小兔最後獲選的原因：（①口才最好②一直把微笑掛在臉上③穿出最漂亮的衣服）。

（　）4.鎮長的話為什麼讓大家恍然大悟？（①被鎮長威脅②重視外表有什麼不好③了解內在的真正價值）。

（　）5.白兔鎮為什麼又變成遠近馳名的禮貌小鎮？（①用錢買來的②三位小兔的合作感動大家③網路票選第一名）。

閱讀心得

請你寫下閱讀故事後的感想。

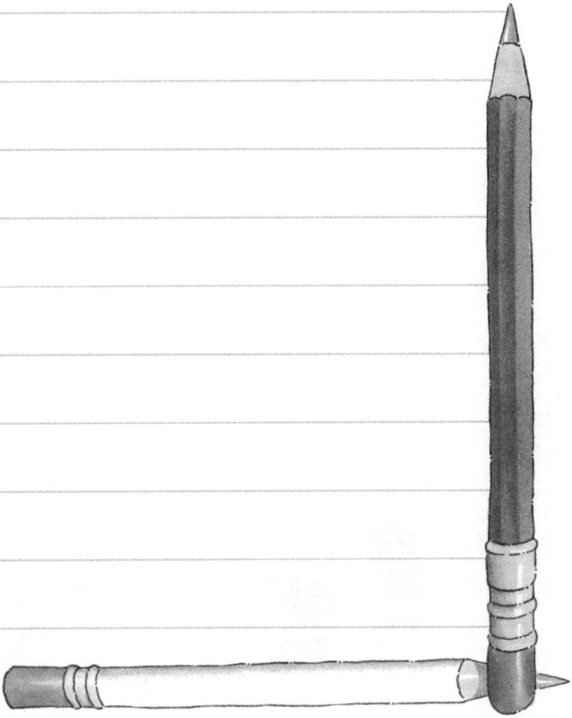

故事彩繪

請你畫出心目中的故事形象。

動動腦時間

單位量詞：在計算事物時前面所加上的量詞，請將提示的量詞
單位填入空格中！

範例：（一輛）火車

練習

艘	尾	匹	口
串	張	道	片

一（　）布	一（　）魚	一（　）嘴	一（　）船
一（　）閃電	一（　）樹林	一家五（　）	一（　）葡萄

故事三　一對好朋友

　　貓與狗原本是一對好朋友，也各自擁有令對方稱羨的能力，於是相互向對方討教，但又互相提防對手學走自己的本領。

　　由於狗有靈敏的鼻子，就教貓搜尋獵物的能力；貓有靈活的身子，就教狗撲擊獵物的技巧。兩方各有盤算，表面卻相安無事。

　　有一天，牠們一同發現了一隻肥老鼠，兩方提議捉到後各得一半。於是狗就用貓所教的撲擊方法，順利逮到了老鼠。但力氣大的狗根本沒有與貓分享食物的念頭，用最快的速度跑離現場，這是貓沒學到的技巧。正當狗洋洋得意時，忽然覺得身上癢癢的，眼見四下無人，放下老鼠搔癢時，此刻的貓卻用狗教的搜尋獵物方法緊跟在後，趁機搶走狗到手的食物。

　　狗發現食物被搶，生氣的追了過去，貓「蹭」的一下爬到樹上。狗爬不上去，在樹下狂叫：「你這陰險的傢伙，竟然沒教我爬樹的本領！」貓則在樹上冷笑：「你不也同樣卑鄙，沒教我快跑的技巧！」

　　兩方從此結下樑子，日後狗一見到貓，便狂追不捨，就好像要向牠討回昔日那隻到口的老鼠呢！

心 智 圖

貓與狗原本是一對好朋友

貓與狗各擁有特殊能力 ─ 狗有靈敏的鼻子，教貓搜尋獵物的能力
貓有靈活的身子，教狗撲擊獵物的技巧

一對好朋友

發現肥老鼠 ─ 狗用貓教的撲擊方式逮到了老鼠，跑掉了
貓用狗教的搜尋獵物方式搶走食物，爬上樹

貓與狗從此結下樑子 ─ 日後一見面就吵架

語詞寶典

1.稱羨：讚揚、羨慕。

  例句 他們倆結婚多年，仍然恩愛如昔，真是令人**稱羨**。

2.相安無事：彼此和平共處，沒有發生爭端。

  例句 雖然他們彼此看不順眼，但是幾年合作下來倒也**相安無事**。

3.洋洋得意：形容非常得意的樣子。

  例句 看他一臉**洋洋得意**的樣子，原來是參加徵文比賽得了首獎。

4.結下樑子：與他人有過節、恩怨。

  例句 他們之間早就**結下樑子**，恐怕不容易和好。

小試身手

（　　）1.貓與狗是一對什麼樣的好朋友？（①完全把自己奉獻給對方②只會利用對方③相互討教，又互相提防）。

（　　）2.狗有什麼特殊本事？（①鋒利的爪子②靈敏的鼻子③明亮的眼睛）。

（　　）3.貓有什麼特殊本事？（①恐怖的叫聲②靈敏的耳朵③靈活的身子）。

（　　）4.狗不教貓快跑的技巧，那貓不教狗什麼本領？（①爬樹②釣魚③唱歌）。

（　　）5.現在的狗為什麼一看到貓就狂追不捨？（①想要跟牠玩②向牠討回昔日那隻肥老鼠③想把牠趕走）。

閱讀心得

請你寫下閱讀故事後的感想。

故事彩繪

請你畫出心目中的故事形象。

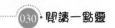

動動腦時間

文字加法：請將二個獨立的字組合成一個新字，再造詞。

範例：（不）＋（正）＝（歪）→（歪理）

練習：

1. （七）＋（刀）＝（　　）→（　　　）

2. （口）＋（力）＝（　　）→（　　　）

3. （月）＋（門）＝（　　）→（　　　）

4. （水）＋（青）＝（　　）→（　　　）

5. （言）＋（方）＝（　　）→（　　　）

6. （竹）＋（同）＝（　　）→（　　　）

7. （道）＋（寸）＝（　　）→（　　　）

8. （並）＋（日）＝（　　）→（　　　）

故事四　各安本分

　　為了過冬，燕子鼓動翅膀，飛越千山萬水，往南方而來。途中路過一個小山村，山邊有一口小井，便停下來喝水解渴。

　　「你好，你就是傳說中能飛越千里遠的燕子嗎？」

　　「嗯，你好，我沒有傳說的那麼厲害，但飛行百里的能力是有的。沿途有看不完的美景，吃不膩的美食，瞧你苦守這小小的井邊，日子一定難過得很，有興趣陪我一起去旅行嗎？」

　　「哦？不了，我只是好奇，並不羨慕。」

　　井邊的青蛙不慌不忙說：「我雖然只生活在一口小小的古井，但這裡四季如春，附滿青苔的山石是我看不完的美景，井旁的蒼蠅、蚯蚓是我吃不膩的美食，終年又有喝不盡的山泉水，我什麼也不缺，想唱歌就唱歌，想睡覺就睡覺，日子過得輕鬆自在，又何必去做那些遠遠超過自己能力的事呢？」

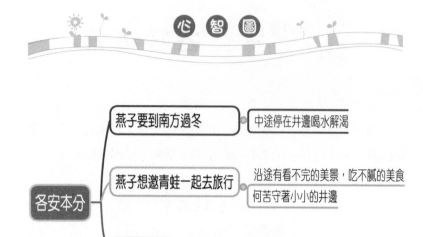

心 智 圖

各安本分

- 燕子要到南方過冬 — 中途停在井邊喝水解渴
- 燕子想邀青蛙一起去旅行 — 沿途有看不完的美景，吃不膩的美食／何苦守著小小的井邊
- 青蛙的態度 — 只是好奇，並不羨慕燕子／滿足現實生活，不做超過能力的事

語詞寶典

1.千山萬水：山川眾多而交錯。形容路途遙遠而多險阻。

例句 他經過**千山萬水**，終於回到日夜思念的故鄉。

2.四季如春：形容氣候良好，一整年都很暖和。

例句 臺灣**四季如春**，氣候非常宜人。

3.吃不膩：「膩」，厭煩的意思。「吃不膩」表示吃再多也不會感到厭煩。

例句 天天大魚大肉，你**吃不膩**嗎？

4.輕鬆自在：愉快適意。

例句 問題解決後，他的心情感到無比的**輕鬆自在**。

小試身手

（　　）1.燕子為什麼要飛越千山萬水到南方？（①找食物②過冬③拜訪朋友）。

（　　）2.燕子有什麼特殊能力？（①能飛行百里②能吃很多食物③能四處冒險）。

（　　）3.青蛙對燕子的態度是什麼？（①羨慕②崇拜③好奇）。

（　　）4.青蛙為什麼不想離開井邊？（①跳不遠②滿足現狀③不敢離開熟悉的地方）。

（　　）5.本篇文章為什麼命名為「各安本分」？（①永遠羨慕別人②老是嫉妒別人③做好自己分內的事）。

閱讀心得

請你寫下閱讀故事後的感想。

✍ **故事彩繪**

請你畫出心目中的故事形象。

✍ 動動腦時間

⏱文字減法：請將一個字減去一部分，成為另外一個字，再造詞。

⏱範例：（烤）－（火）＝（考）→（考試）

⏱練習：

1.（銅）－（金）＝（　　　）→（　　　　）

2.（泳）－（水）＝（　　　）→（　　　　）

3.（材）－（木）＝（　　　）→（　　　　）

4.（城）－（土）＝（　　　）→（　　　　）

5.（睛）－（目）＝（　　　）→（　　　　）

6.（志）－（心）＝（　　　）→（　　　　）

7.（時）－（日）＝（　　　）→（　　　　）

8.（讀）－（言）＝（　　　）→（　　　　）

故事五　夜鶯的歌聲

　　森林裡夜鶯最會唱歌，清脆的嗓音，美妙的旋律，深深打動大家的心，只要生病的人一聽到，簡直比醫生的藥還有效，因此被封為「療癒系女王」。

　　不幸的事情發生了，一場無情的森林大火，雖然沒有奪走夜鶯美妙的歌喉，卻奪走牠迷人的彩色世界。

　　失明後的夜鶯萬念俱灰，不再喜歡唱歌；如果勉強唱的話，都是一些悲傷的調子。飄浮在森林裡的快樂音符漸漸塵埃落定，化為泥土！

　　「夜鶯，你變了！」好朋友來看她，她是另一座森林的美聲歌后「畫眉鳥」。

　　「是啊，那場大火後，我的眼睛就看不見了！」

　　「我不是指眼睛。你知道的，我從小就雙腿行動不便，但我還是喜歡唱歌，優美的歌聲不僅可以抒發個人感情，更可以帶給別人快樂，上天收回你的視力，卻保有你一副好歌喉，妳要善加利用啊！」

　　一語驚醒夢中人，從此夜鶯美妙的歌聲再度飄揚在森林裡，帶給更多人愉悅的好心情。

心 智 圖

夜鶯的歌聲有治療效果 —○ 被稱為療癒系女王

火災奪走了夜鶯的視力，讓她萬念俱灰 —○ 不再喜歡唱歌
只唱悲傷的調子

夜鶯的歌聲

畫眉鳥以自己的缺陷為例，勸告夜鶯 —○ 視力雖然被上天收回，卻保有一副好歌喉

夜鶯醒悟後，美妙的歌聲再度飄揚整座森林 —○ 帶給更多人愉悅的好心情

📖 語詞寶典

1.萬念俱灰：所有的念頭、打算都化成了灰。比喻非常失意、
　消極。

　例句 突遭家破人亡的變故，使他**萬念俱灰**。

2.塵埃落定：比喻事情已成定局。

　例句 經過多次的討論，畢業旅行的行程終於**塵埃落定**。

3.善加利用：多多加以利用。

　例句 如果能**善加利用**字典，錯別字一定會減少許多。

4.一語驚醒夢中人：比喻因為一句話而喚醒沉迷的心。

　例句 要不是他**一語驚醒夢中人**，我可能還在做白日夢呢！

📖 小試身手

（　　）1.夜鶯為什麼被稱為「療癒系女王」？（①長相甜美②口
　　　　才很棒③歌聲有治療效果）。

（　　）2.大火從夜鶯身上奪走了什麼？（①彩色世界②甜美歌聲
　　　　③美麗羽毛）。

（　　）3.失明後的夜鶯怎麼了？（①不再說話②不再唱歌③不再
　　　　唱快樂的歌）。

（　　）4.夜鶯的哪一位好朋友來規勸她？（①烏鴉②畫眉鳥③大
　　　　嘴鳥）。

（　　）5.醒悟後的夜鶯怎麼了？（①美妙的歌聲再度飄揚在森林
　　　　裡②從此過著隱居的生活③不再相信任何人）。

閱讀心得

請你寫下閱讀故事後的感想。

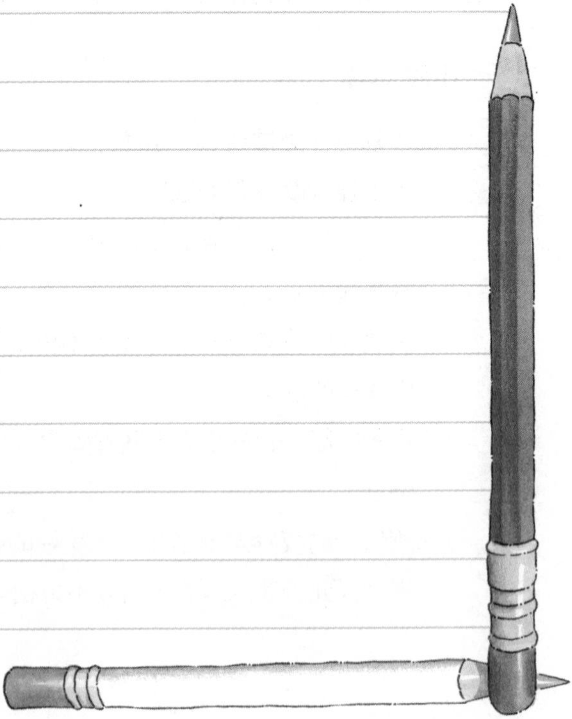

請你畫出心目中的故事形象。

動動腦時間

二疊字：又稱「雙疊字」，用兩個完全相同的字，組成一個新字。

範例：（一）＋（一）→（二）

練習：

1.（火）＋（火）→（　　　）

2.（土）＋（土）→（　　　）

3.（山）＋（山）→（　　　）

4.（夕）＋（夕）→（　　　）

5.（木）＋（木）→（　　　）

6.（月）＋（月）→（　　　）

7.（匕）＋（匕）→（　　　）

8.（喜）＋（喜）→（　　　）

故事六　小白兔的紅眼睛

　　小白兔原本擁有一雙令人稱羨的水汪汪大眼睛。

　　有一天，小白兔發現河中沙洲的綠地上，長了幾株綠意盎然的紅蘿蔔，但不會游泳的他只能乾瞪眼，摸摸自己「咕嚕咕嚕」叫的肚子，忽然想到一個好主意。

　　小白兔找來同樣肚子餓的小烏龜，彼此說好，小烏龜載小白兔過河到沙洲上，小白兔則將摘下的紅蘿蔔葉子與小烏龜分享。

　　小烏龜費了好大的一番力氣，才將小白兔送上沙洲。

　　小白兔一見到鮮紅欲滴的紅蘿蔔，早忘了方才的約定，立刻將拔下來的紅蘿蔔吃光光，連葉子也不放過，並心滿意足的睡了一個大覺。

　　等小白兔醒來，要小烏龜載他過河，空肚子等了好久的小烏龜問他：「紅蘿蔔葉子呢？」小白兔才傻笑說不小心被他吃光了，只要先載他過河去，再等幾天，他立刻找新鮮的來償還。

　　小烏龜發現自己上當了，並不馬上發作，依然將小白兔背在身上，只是將他載往河裡更遠、更荒涼的沙洲上，就游走了。

　　小烏龜臨走前拋下一句：「再等幾天，等這荒地上長出紅蘿蔔葉子，我再來接你囉！」

　　小白兔自作自受，望著彷彿不曾間斷的河水，哭紅了雙眼卻回不了家。

心智圖

小白兔有一雙令人稱羨的大眼睛

小白兔的
紅眼睛

不會游泳的小白兔找來小烏龜幫忙 ── 小烏龜載小白兔到沙洲
　　　　　　　　　　　　　　　　　　 小白兔請小烏龜吃紅蘿蔔葉子

小白兔不守信用，把紅蘿蔔吃光光 ── 小烏龜決定懲罰小白兔

小白兔自作自受 ── 哭紅了雙眼也回不了家

📝 語詞寶典

1.綠意盎然：放眼望去，到處都是綠色的景象。

　例句 春天一到，花園裡**綠意盎然**，處處充滿著生機。

2.鮮紅欲滴：形容鮮豔又飽滿的紅色。

　例句 園子裡結滿**鮮紅欲滴**的草莓，真想嚐一口。

3.心滿意足：形容非常滿足。

　例句 你能低價買到這件藝術珍品，也該**心滿意足**了。

4.自作自受：自己做錯事或說錯話，由自己承擔不良的後果。

　例句 身子不舒服還出去淋雨，要是著了涼，生了病，那可是**自作自受**喲！

📝 小試身手

（　）1.大家為什麼羨慕小白兔？（①有一雙水汪汪的大眼睛②有一對跳很高的彈簧腿③有一身潔白無瑕的毛色）。

（　）2.小白兔為什麼不自己去河中沙洲吃紅蘿蔔？（①不會唱歌②不會游泳③不會跳舞）。

（　）3.小白兔找小烏龜做什麼？（①唱歌聊天②吃喝玩樂③背牠過河）。

（　）4.小烏龜為什麼對小白兔生氣？（①不跟牠玩②不守信用③不跟牠做朋友）。

（　）5.小白兔的眼睛為什麼變成紅色的？（①哭著回不了家②吃太多紅蘿蔔③摔了一跤）。

閱讀心得

請你寫下閱讀故事後的感想。

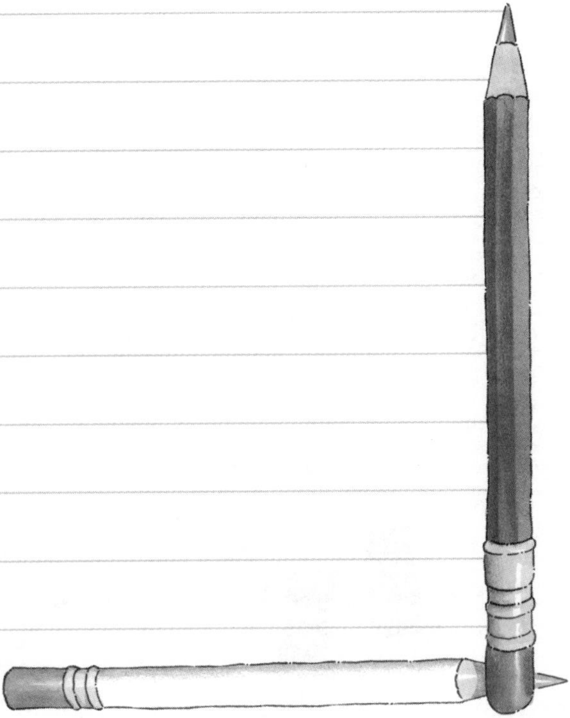

故事彩繪

請你畫出心目中的故事形象。

動動腦時間

三疊字：用三個完全相同的字，組成一個新字。

範例：（一）＋（一）＋（一）→（　三　）

練習：

1. （木）＋（木）＋（木）→（　　　）

2. （金）＋（金）＋（金）→（　　　）

3. （水）＋（水）＋（水）→（　　　）

4. （虫）＋（虫）＋（虫）→（　　　）

5. （日）＋（日）＋（日）→（　　　）

6. （犬）＋（犬）＋（犬）→（　　　）

7. （十）＋（十）＋（十）→（　　　）

8. （車）＋（車）＋（車）→（　　　）

故事七 比高

春風吹過公園的小草皮，小草們正享受著暖風的輕撫，一波波彎腰、挺立、彎腰、挺立，大家玩得開心極了。突然，有小草提議「比高」。

「我比較高！」一株看似群體最高的小草說。

「哪有，我才是第一名！」遠遠的另一株也充滿自信的說。

但是兩者距離相差太遠了，根本看不出誰比較高？

　　正鬧得不可開交，一棵高與人齊的福木笑著說：「你們這群矮個子不用爭得面紅耳赤，再怎麼高也比不上我呀！」

　　小草們一時啞口無言，但其中一株立刻反脣相譏：「你雖然比我們高，但在公園裡，你也不算高個子呀！」

　　放眼望去，果然公園裡的大樹不下十棵，其中以老木麻黃最高，離地面足足有十幾公尺！

　　「對啊，在這公園裡，當屬我最高，最有資格講話了。」平時沉默寡言的老木麻黃今天難得開口，而且嘴角露出滿意的笑容。

　　「一群不知天高地厚的傢伙！」聲音從老木麻黃的身上傳來，是烏鶖鳥發出來的。

　　牠輕盈的站在老木麻黃最高的枝椏上，說完就振翅高飛，飛向藍藍的無垠天際，那裡有更高的山，山上還有更高的白雲，白雲上面還有更高的……

心 智 圖

比高
- 公園的草皮上，有一群小草玩得好開心
  - 有小草提議比高
- 小草們因為距離太遠而分不出勝負
  - 福木出言相譏
  - 小草們反唇回擊
- 木麻黃認為自己最高，最有資格講話
- 烏秋鳥提出不同看法
  - 那裡有更高的山
  - 山上還有更高的白雲
  - 白雲上面還有更高的……

語詞寶典

1.不可開交：形容無法結束或解脫束縛。

例句 他的工作繁重，整天忙得**不可開交**。

2.面紅耳赤：形容羞愧、焦急或情緒激動的樣子。

例句 他們倆為了這個問題爭得**面紅耳赤**，誰也不讓誰。

3.啞口無言：遭人質問或駁斥時沉默不語或無言以對。

例句 盜用公款被發現後，他**啞口無言**，滿臉羞愧。

4.反脣相譏：不服他人的指責，而以譏斥、責問的語氣回應對方。

例句 他個性孤傲，別人若對他有所批評，他必定**反脣相譏**。

小試身手

（　　）1.小草們為什麼要玩比高的遊戲？（①太無聊②太好勝③太開心）。

（　　）2.小草們為什麼比不出第一名？（①沒有裁判②距離太遠③找不到對手）。

（　　）3.小草們被誰說的面紅耳赤？（①福木②象牙木③盾柱木）。

（　　）4.公園裡誰的身高最高？（①小草②福木③木麻黃）。

（　　）5.烏鶖鳥提出不同的看法，因為牠認為？（①自己才是最高的②山和雲才是最高的③根本沒有最高的）。

閱讀心得

請你寫下閱讀故事後的感想。

故事彩繪

請你畫出心目中的故事形象。

動動腦時間

⏱顛倒語詞：有時將一個語詞顛倒，會產生另一個新語詞，試著
練習看看，再造出一個句子喔！

⏱範例：互相←→相互

造句：他們**相互**鼓勵，**互相**幫忙，最後終於完成困難的任務。

⏱練習：

1.白雪←→（　　　）

造句：＿＿＿＿＿＿＿＿＿＿＿＿＿＿＿＿＿＿＿＿

2.牙刷←→（　　　）

造句：＿＿＿＿＿＿＿＿＿＿＿＿＿＿＿＿＿＿＿＿

3.說話←→（　　　）

造句：＿＿＿＿＿＿＿＿＿＿＿＿＿＿＿＿＿＿＿＿

故事八　花鼠村

　　快樂森林邊有個老鼠村，出現了兩隻長相奇特的小老鼠。

　　村東是「黑老鼠」聚集的地方，大家都以烏黑亮麗的毛皮為榮。但「小可」有些不同，額頭上多了一點小白點，雖然不是很大，在黑壓壓一片的老鼠群裡卻很明顯，帶給他許多煩惱，深怕被同伴們嘲笑，因此足不出戶，當起「宅鼠」來。

　　村西是「白老鼠」的家，大家都以雪白無瑕的皮毛為傲。但「小愛」有些不一樣，額頭上多了一點小黑點，雖然不是很大，在白茫茫一片的老鼠群裡卻很突出。不過小愛天性樂觀，不僅不以為意，反而讓她覺得很特別。村西的花園裡常常傳來小愛與同伴們的歡笑聲，讓花看起更美，聞起來更香！

　　兩村因為膚色不同，平日很少往來。

　　有一天傍晚，太陽即將下山，大地籠罩在一層層黑色的薄紗裡，兩隻老鼠都急著趕路回家，正好在村子的中間道路碰頭了。

　　「哈囉！你就是村東的小可嗎？」小愛大方且禮貌性的朝小可打招呼，小可從已經隱沒身形的黑暗裡探出頭來，搗著額頭上的印記，勉強擠出一絲笑容：「妳好，有……事嗎？」

　　「我……可不可以看一下你額頭上的小白點，就像我頭上有跟你膚色一樣的小黑點呀！」

　　「啊！……這……？」看著夜幕已經低垂，四周的漆黑反而點亮了小愛身上的白光，猶如頭頂光環的天使一般，讓小可無法拒絕，於是將手慢慢移開。

　　「哇，好漂亮喔！」小愛驚呼連連，「你額頭上的白點，就像黑夜中的燈塔一樣耀眼呢！」

「真的嗎？」小可不相信自己的耳朵，居然有人會欣賞他最在意的缺點，讓他恢復了一點自信心。「那我也可以看看妳額頭上的小黑點嗎？」小可鼓起勇氣問。

「當然囉！」

小愛大方的出示她額頭上的小黑點，好像雪山上的一顆黝黑石頭。

「哇！好特別喔！我從來沒看過這麼美的小黑點呢！」

「你太客氣了，你身上的黑皮膚不就是我額頭上無數的小黑點組成的嗎？就如同我身上的白皮膚也是你額頭上無數的小白點組成。我們不用高估自己，也用不著瞧不起自己，因為每一個人的身體都是最特別的，都是上天賜給我們最好的禮物啊！」

看著樂觀開朗的小愛落落大方，竟然把他視為魔鬼詛咒的小白點，當成是上帝的恩賜，小可終於從隱身的黑暗中走出來，雖然只是一小步，卻是他多年來難以跨越的一大步。

從此兩隻老鼠開心的交往，東村與西村也漸漸受到影響，撤除了膚色的藩籬，開始熱絡的往來。

他們最後結了婚，小愛很爭氣的生了一窩又一窩黑點與白點兼具的可愛小花鼠。多年後，就沒有人記得這裡叫老鼠村了，大家管它叫「花鼠村」。

心 智 圖

花鼠村

- 快樂森林邊有個老鼠村
  - 小可黑中帶白
  - 小愛白中存黑

- 村東的黑老鼠與村西的白老鼠很少往來
  - 傍晚在村中道路碰頭

- 互相欣賞對方優點
  - 小可的白點像黑夜中的燈塔
  - 小愛的黑點像雪山上的黑石頭

- 小可與小愛結婚了
  - 生了一窩又一窩黑點與白點兼具的可愛小花鼠
  - 大家改叫「花鼠村」

語詞寶典

1.足不出戶：指人待在家裡，很少出門。

　例句　古代的黃花大閨女都是**足不出戶**，常年待在家裡。

2.夜幕低垂：天色昏暗，指天黑。

　例句　今天一早我們全家便到郊外踏青，直到**夜幕低垂**才盡興
　　　而歸。

3.落落大方：舉止坦率自然，毫不扭捏造作。

　例句　她**落落大方**的表現，經常吸引人們的注意。

4.撤除藩籬：除去保護防衛的屏障。

　例句　甲乙兩國在外交上**撤除藩籬**後，百姓就可以互相往來了。

小試身手

（　）1.老鼠村西邊是什麼老鼠聚集的地方？（①黑老鼠②白老
　　　鼠③花老鼠）。

（　）2.小可是屬於哪一邊的老鼠？（①村子東邊②村子西邊
　　　③村子南邊）。

（　）3.黑老鼠和白老鼠平常的相處情形？（①相親相愛②常常
　　　往來③很少往來）。

（　）4.小愛說小可額頭上的白點像什麼？（①黑夜中的燈塔
　　　②白天裡的太陽③明亮的鑽石）。

（　）5.小可與小愛結婚後，「老鼠村」改名叫？（①斑鼠村
　　　②花鼠村③夜鼠村）。

閱讀心得

請你寫下閱讀故事後的感想。

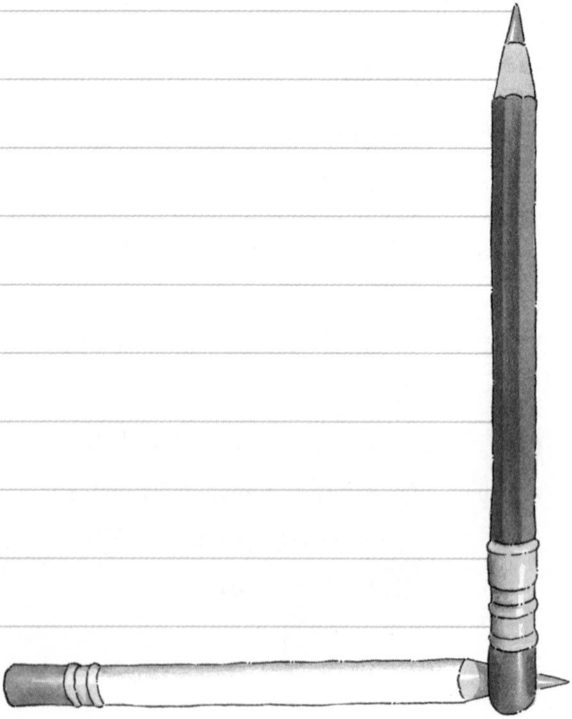

故事彩繪

請你畫出心目中的故事形象。

動動腦時間

間隔疊字成語：請在左右兩個（　　）裡填入相同的字，組成一句成語。

範例：（一）板（一）眼

練習：

1.（　　）朝（　　）夕
2.（　　）全（　　）美
3.（　　）戰（　　）勝
4.（　　）作（　　）受
5.（　　）里（　　）塗
6.（　　）勞（　　）怨
7.（　　）威（　　）福
8.（　　）搖（　　）擺

故事九　夜光精靈

　　夜色黑得像墨汁一樣，把四周渲染得漆黑一片。螢火蟲提著閃爍的小燈籠，在黑幕的籠罩下顯得微不足道，正好停在一條鄉道的盡頭，最後一盞的路燈下。

　　「路燈大哥，我真羨慕你，擁有這麼高的亮度，為夜歸的人們提供一條安全的回家路。」

　　「螢火蟲小老弟，你別那麼沮喪，上帝造物讓每個東西都有各自應盡的本分，雖然你發出的光不是很亮，但一閃一滅，挺吸引人的，這是大自然賜予你們的特殊能力，尤其人類為你們歌頌的詩篇不是大大超過我們嗎？」

　　「路燈大哥，謝謝你的安慰，我會振作起來，為夜晚貢獻一份小小心力。」螢火蟲懷抱著希望，繼續未完的旅程。

　　不到一個月，原本靜謐的鄉道盡頭，突然熱鬧起來。許多車輛停靠在最後一盞路燈下，只為找尋黑夜裡最神祕的「發光使者」。

　　「哇！你們看，那裡好多螢火蟲，我們快離開這些人工照明設備，投身黑夜的懷抱，去尋找最自然的光源——夜光精靈吧！」

　　此刻一群又一群的人們躡手躡腳，盡量壓低聲音，提高警覺，深怕嚇跑什麼似的，朝螢火蟲的棲息地靠近，觀察這一閃一滅的光，就像天空上一顆又一顆的流星，滿載人們的祝福。

　　「路燈大哥，你說的沒錯，我們螢火蟲除了帶給人們希望以外，也提醒人類要懂得珍惜大自然，謝謝你為我上的寶貴一課喔！」

　　二個月後，螢火蟲帶著滿滿的自信心，停靠在總是帶給大家溫暖感覺的路燈下，相互輝映，讓冰涼的夜顯得更加溫馨。

心　智　圖

夜光精靈

深夜裡，螢火蟲提著小燈籠 — 出現在鄉道的盡頭，最後一盞的路燈下

路燈安慰螢火蟲，讓螢火蟲懷抱新希望 — 上帝造物讓每個東西都有各自應盡的本分

大批人群前來鄉間，只為一睹夜光精靈模樣
- 離開人工照明設備
- 躡手躡腳，盡量壓低聲音

螢火蟲重拾信心，讓冰涼的夜更溫馨
- 除了帶給人們希望
- 也提醒人類要懂得珍惜大自然

語詞寶典

1.微不足道：比喻卑微渺小得不值得一提。

例句 個人的力量雖然**微不足道**，但只要大家團結合作，必能凝聚成一股強大的力量。

2.躡手躡腳：行動小心而不敢聲張的樣子。

例句 他回家後**躡手躡腳**的進到房間，以免吵醒已經入睡的父母。

3.提高警覺：提高對於危險或情況變化的敏銳感覺。

例句 我們對於身旁的陌生人，應隨時**提高警覺**。

4.相互輝映：形容彼此相互照映。

例句 山光水色**相互輝映**，好一幅天然美景。

小試身手

（　）1.文中的夜光精靈指的是誰？（①螢火蟲②路燈③貓頭鷹）。

（　）2.螢火蟲為什麼會羨慕路燈呢？（①長得高②燈光亮③不怕風雨）。

（　）3.路燈怎麼安慰螢火蟲？（①每個人都有自己的優點②別在意別人的看法③到別的地方找工作）。

（　）4.夜晚有許多人壓低聲音在找什麼東西？（①寶藏②夜光精靈③獨角獸）。

（　）5.螢火蟲除了帶給人類希望，還提醒他們？（①走路要小心②工作要努力③要懂得珍惜大自然）。

✍ 閱讀心得

請你寫下閱讀故事後的感想。

故事彩繪

請你畫出心目中的故事形象。

動動腦時間

直接疊字成語：請在緊鄰的（　　　）裡填入相同的字，組成一句成語。

範例：漂漂（亮亮）

練習：

1.平平（　　　　　　　）

2.堂堂（　　　　　　　）

3.乾乾（　　　　　　　）

4.吵吵（　　　　　　　）

5.吱吱（　　　　　　　）

6.吞吞（　　　　　　　）

7.從從（　　　　　　　）

8.轟轟（　　　　　　　）

故事十 小不點

　　漁人碼頭在夕陽的餘輝下美得發亮，滿載而歸的漁船陸續回港，碼頭邊擠滿了前來購買漁獲的遊客。

　　陸上的人群熙來攘往，水底下的螃蟹也不閒著。漁夫將過剩或殘缺的魚蝦順手丟入水中，便成了螃蟹們的大餐。不過大螃蟹總是仗著螯大體碩，將美食一掃而空，剩下的肉屑都不夠小螃蟹們塞牙縫！

　　小不點就是這群小螃蟹的一員，長得既不夠大，兩隻螯瘦得跟竹籤似的，老是因為體格瘦弱而搶不到食物，心裡總是希望能夠快快長大。

　　有一天，從水面上降下一個大竹籠，裡面的食物散發出一股濃烈的香氣，沒錯，是新鮮的海螺肉！

　　大批螃蟹蜂擁而上，小不點不小心被擠在螃蟹群裡，也進了大籠子。等籠口一收，大螃蟹們還在你爭我搶，小不點不小心終於嚐到傳說中的「致命美食」！

　　漁夫收起了竹籠子，將一隻隻大螃蟹放到身邊的大水桶。只見一大堆螃蟹爭著爬出滑不溜丟的塑膠桶，卻被困在裡面；而小不點竟然因為身體太小而鑽出竹籠，逃回水裡！

　　死裡逃生的小不點瞬間成了大英雄。由於大螃蟹全被抓完了，於是小不點就成了當地的老大，有食物總是第一個吃到，沒多久，就成了道地的大螃蟹了！

　　這一天，水面上又降下一個大竹籠，又是那充滿「致命吸引力」的海螺肉。

　　這次小不點竟然衝第一進到竹籠裡，大口享受著美味的大餐，心裡想著只要待會兒再鑽出竹籠就好了。等漁夫收起竹籠時，小不點這才發現自己的身體已經大到鑽不出去了，後悔自己因為貪吃而闖下大禍！

心 智 圖

小不點

黃昏的漁人碼頭擠滿了遊客 ─ 前來購買漁獲

水底的螃蟹互相爭奪食物，小不點老是搶不到 ─ 大螃蟹螯大體碩
小不點兩隻螯瘦得跟竹籤似的

死裡逃生的小不點長大後成了螃蟹老大 ─ 大螃蟹體型太大逃不出去
小不點身體太小鑽出了竹籠

小不點最後因為貪吃而闖下大禍 ─ 忘了自己已經長大的事實

語詞寶典

1.滿載而歸：裝載得滿滿的回來。形容收穫豐富。

例句 漁船出海捕魚時，總是希望**滿載而歸**。

2.熙來攘往：形容行人來往眾多，非常熱鬧。

例句 夜市**熙來攘往**的人潮一波接著一波，凸顯了都會生活的特色。

3.塞牙縫：比喻東西小，只夠填塞牙縫。

例句 這麼小的糖果，給我**塞牙縫**都不夠。

4.滑不溜丟：形容身體非常滑膩的樣子。

例句 這隻鰻魚**滑不溜丟**的，好難抓。

小試身手

( ) 1.漁人碼頭陸上是人類的競爭世界，水底下是（①螃蟹②海膽③小丑魚）的競爭世界。

( ) 2.螃蟹們的競爭方式是什麼？（①大讓小②大欺小③大小合作）。

( ) 3.螃蟹們的「致命美食」是什麼？（①海葵②海螺肉③海藻）。

( ) 4.小不點為什麼會變成大英雄？（①武力高強打敗別人②運用計謀金蟬脫殼③身體太小逃出竹籠）。

( ) 5.小不點為什麼最後還是逃不了被捕捉的命運？（①忘了自己已經長大的事實②心中已經擬定好逃命計畫③等待同伴來救牠）。

閱讀心得

請你寫下閱讀故事後的感想。

故事彩繪

請你畫出心目中的故事形象。

動動腦時間

數字成語：請在（　　）裡填入適合的數字，組成一句成語。

範例：（千）山（萬）水

練習：

1. （　　　）心（　　　）用
2. （　　　）分（　　　）裂
3. （　　　）顏（　　　）色
4. （　　　）上（　　　）下
5. （　　　）（　　　）不離（　　　）
6. （　　　）方（　　　）計
7. （　　　）辛（　　　）苦
8. （　　　）綠叢中（　　　）點紅

故事十一　狐狸與蝸牛

　　翠綠的葡萄園裡，出現了一隻全身紅褐色的狐狸，牠嘴饞的抬頭望向上方，一顆顆紫黑透亮的葡萄成串的垂掛在架子上，像天空布滿了璀璨的星光。

　　狐狸一邊流著口水，一邊心下盤算，這鮮甜多汁的葡萄只要稍稍咬上一兩口，那美妙的滋味不知道有多好。只是葡萄架這麼高，這葡萄，吃得到嗎？

　　狐狸向後退了幾步，猛然向前奔跑數步，突然上半身凌空飛了起來，後腿竟然也跟著站了起來，這一躍高得嚇人，可惜離架上葡萄還是有段距離。

　　狐狸不死心，又連續跳了幾次，但結果都一樣，才心不甘情不願的甩頭就走，臨走前拋下一句：「哼！好酸的葡萄，我才不稀罕呢！」

　　「不會啊，這葡萄甜得很呢！」

　　狐狸不相信自己的耳朵。尋聲一看，是葡萄架上發出的。仔細一瞧，有一隻蝸牛正伸長觸鬚在大啖紫葡萄呢！

「你是說……這葡萄是甜的？」

「沒錯，而且甜得很，可惜我力氣小，不然就摘幾顆給你嚐嚐！」

「可是……我試了好幾次都失敗！」

「才幾次而已，難道你不知道我是爬了七天七夜才上來的，跳那幾下算什麼？凡事要慢慢來，美好的事物是值得等待的！」

「凡事要慢慢來，美好的事物是值得等待的，有道理，『等待』確實是一種美德。」

狐狸若有所思的消失蹤影。隔天，再隔天，狐狸天天在葡萄架下等待。

果然有一天風大，成熟的葡萄劈哩啪啦像雨點般落個不停，狐狸終於如願以償，嚐到了美味多汁的甜葡萄呢！

狐狸想吃架上成熟的葡萄　　紫黑透亮的葡萄像天空布滿的璀璨星光

　　　　　　　　　　　　　　鮮甜多汁的葡萄滋味不知道有多好

狐狸吃不到葡萄說葡萄酸　　連續跳了好幾次都失敗

狐狸與蝸牛

蝸牛告訴狐狸自己是怎麼吃到葡萄的　　爬了七天七夜才上來

　　　　　　　　　　　　　　　　　　凡事要慢慢來，美好的事物值得等待

領悟的狐狸終於吃到美味的葡萄　　等待確實是一種美德

語詞寶典

1.心不甘情不願：形容不是很願意的樣子。

例句 叫他幫忙做事，他總是**心不甘情不願**的。

2.若有所思：發愣不語，好像在想些什麼似的。

例句 他時常望著天空，一副**若有所思**的樣子。

3.劈里啪啦：形容爆裂、拍打等的連續聲音。

例句 慶典開始了，鞭炮**劈里啪啦**作響。

4.如願以償：理想得以實現。

例句 他經過不斷的努力，終於**如願以償**，順利考上理想的
　　大學。

小試身手

（　）1.狐狸為什麼會跑到葡萄園呢？（①想喝葡萄酒②想撿葡
　　　萄乾③想吃成熟葡萄）。

（　）2.狐狸為什麼吃不到葡萄？（①葡萄被搶走了②葡萄架太
　　　高③葡萄掉光了）。

（　）3.狐狸明明很想吃甜葡萄，為什麼說葡萄是「酸」的呢？
　　　（①吃不到而生氣②葡萄真的很酸③怕被別人嘲笑）。

（　）4.蝸牛告訴狐狸牠爬了幾天幾夜才嚐到甜葡萄？（①三天
　　　三夜②五天五夜③七天七夜）。

（　）5.狐狸為什麼在最後終於吃到甜葡萄？（①運氣實在太好
　　　②用心等待機會③撿別人吃剩的）。

閱讀心得

請你寫下閱讀故事後的感想。

故事彩繪

請你畫出心目中的故事形象。

✎ 動動腦時間

⏱顏色成語：生活中到處充滿顏色，使用顏色來描寫事物的成語很多，請把它們找出來。

⏱範例：（紅）花（綠）葉

⏱練習：

1.萬（　　　）千（　　　）

2.（　　　）海（　　　）天

3.（　　　）出於（　　　）

4.（　　　）（　　　）分明

5.（　　　）裡透（　　　）

6.大（　　　）大（　　　）

7.（　　　）天（　　　）雲

8.（　　　）水（　　　）山

故事十二 浮萍

　　平靜的湖面上，綴滿了許多綠色植物，就像一顆顆綠寶石鑲嵌在透明的水晶上，在豔陽下發出粼粼綠光。

　　遼闊的湖面熱鬧極了，是許多水生浮游植物的家，布袋蓮植株膨大，水面下鬚根又多，經常群居在一起；水芙蓉體型碩大，葉葉相疊，像一朵朵大牡丹花浮在水面上；體型最小的是浮萍，根部細小，重量又輕，經常在水面上四處流浪，找不到安穩的避風港。

　　「快來人呀！我要被沖走了……！」

　　一陣大雨過後，四方河水匯入湖泊，造成水生植物大遷徙。大型植物彼此緊密結合，完全不受影響；中型植物雖然短暫分開，但一下子又聚攏在一起；唯獨像浮萍一樣的小型植物，完全沒有選擇餘地，任憑湖水搖來盪去，不時發出驚恐的呼救聲。

　　不一會兒，一隻金色大鯉魚聽到浮萍的呼救聲游了過來，浮萍嚇得大叫：「救命啊，我已經夠可憐了，求求你不要吃我！」

　　「浮萍小姐，你太緊張了，深呼吸，放鬆心情，我不會吃你的！」

　　浮萍聽說後照著做，心情果然寬舒不少。

　　「你……你是誰？」

　　「我是金色鯉魚媽媽，在湖水泛濫時出來找食物吃，不經意聽到你緊張的呼救聲，才想來好好勸勸你。其實你們浮萍因為體型小，重量輕，經不起湖水流動，才會四處漂移；但這也是你們的優點呀！同類在一起的好處是團結力量大，不過彼此競爭也大；而你們浮萍四處為家，反而可以搬到更遠的地方。我經常在湖泊四處巡游，就屬你們浮萍分布範圍最廣，族群數量也最龐大呢！」

　　經過金色鯉魚媽媽一番細心解說，浮萍終於了解自己並不孤單。於是開始自在的隨波逐流，享受這種搖籃似的特殊禮遇，把整座湖面都當成自己的家。

心 智 圖

浮萍

├ 湖面上長滿許多綠色浮游植物
│　　├ 布袋蓮群居在一起
│　　├ 水芙蓉體型碩大
│　　└ 小浮萍四處流浪
│
├ 大雨過後造成水生植物大遷徙
│　　├ 大型植物彼此緊密結合，完全不受影響
│　　├ 中型植物雖然短暫分開，但一下子又聚攏在一起
│　　└ 像浮萍一樣的小型植物任憑湖水搖來盪去
│
├ 金色鯉魚媽媽說出浮萍族群的優勢
│　　└ 分布範圍最廣，族群數量也最龐大
│
└ 浮萍感覺不再孤單
　　　└ 把整個湖面當成自己的家

語詞寶典

1.鑲嵌：把某樣東西嵌入另一物體中。

例句 傳統螺鈿家具，是用貝殼**鑲嵌**而成。

2.避風港：能讓船隻躲避強風襲擊的港灣，引申為躲避一切外來
　傷害的地方。

例句 家永遠是我們最好的**避風港**。

3.團結力量大：聚集結合眾人，使力量增大。

例句 當公司遇上營運困難時，全體員工更應該**團結力量大**，
　　才能幫助公司渡過難關。

4.隨波逐流：隨著波浪起伏。比喻沒有堅定的立場。

例句 行事要有定見，不能**隨波逐流**。

小試身手

（　　）1.遼闊的湖面是誰的家？（①陸生植物②大型海藻③水生
　　　　浮游植物）。

（　　）2.誰的體型碩大，長得像一朵朵大牡丹花浮在水面上？
　　　　（①布袋蓮②水芙蓉③浮萍）。

（　　）3.誰的體型最嬌小，經常在水面上四處流浪？（①布袋蓮
　　　　②水芙蓉③浮萍）。

（　　）4.金色大鯉魚媽媽想對浮萍做什麼？（①規勸牠②吃掉牠
　　　　③警告牠）。

（　　）5.浮萍為什麼在湖泊裡分布範圍最廣，族群數量也最龐
　　　　大？（①團結力量大②可以四處為家③被颱風吹走）。

☞ 閱讀心得

請你寫下閱讀故事後的感想。

故事彩繪

請你畫出心目中的故事形象。

動動腦時間

動物成語：請在（　　）裡填入適合的動物名稱，組成一句成語。

範例：膽小如（鼠）

練習：

1. （　　）群（　　）黨
2. （　　）飛（　　）跳
3. （　　）頭（　　）尾
4. 狡（　　）三窟
5. 如（　　）得水
6. 亡（　　）補牢
7. 天（　　）行空
8. 沉（　　）落（　　）

故事十三　地下迷宮

　　冬天沉重的腳步漸漸走遠，春天輕巧的悄悄降臨，山上的雪漸漸消融，大地一片回春景象，但空氣中依然瀰漫一股寒意。

　　草原犬鼠阿土一大清早就起來工作，他從清晨開眼到深夜閤眼，只有不間斷的工作。別的草原犬鼠笑他「勞碌命」，阿土總會回以靦腆的微笑，因為他知道剩下的時間不多了！

　　隨著草原上冒出一個個小土丘，好像為青草地上戴上一頂頂土黃色的帽子，阿土已經將他的地下聯絡通道挖了十之八九，再過一二天就要大功告成了。

　　天氣漸漸轉熱，冬眠的動物們紛紛從睡夢中醒來。其他好吃懶做的草原犬鼠雖然不會冬眠，卻也一個個猛打哈欠，肚子餓得發昏，正要外出覓食，突然外面一陣騷動，先是從天而降的老鷹捉走了幾位還在昏睡的同伴；接著地上活動的郊狼也聞風前來，又叼走了幾隻粗心大意的同伴；其他的則四處亂竄，倉皇躲入

久未梳理的淺洞，這時從遠處又有一隻雙眼發亮的大青蛇尾隨而來。

就在大夥兒不知所措的時候，阿土發現同伴有難，也顧不得自身安危，立刻發出草原犬鼠特有的「吠叫」聲，想吸引大青蛇注意。

大青蛇發現獵物主動上門，內心竊喜，立刻追了過去，在草地上輕巧滑過，彷彿不留一點痕跡。

阿土立刻將大青蛇引入他巧妙設計多時的「地底迷宮」。

大青蛇在洞裡鑽進鑽出，每次都差一點點就逮到阿土。由於阿土完全掌握迷宮方位，大青蛇被引入草根茂密又曲折的深洞，滑溜溜的蛇身也被纏得動彈不得，差點脫不了身，最後嚇得逃走了！

阿土救了大家，大家這才了解阿土為什麼平日那麼辛苦的工作，原來就是為了等待敵人來襲時可以全身而退！

於是大家就搬進阿土精心設計的地下迷宮，一個安全又舒適的家，再也不用擔心可怕的天敵了！

心 智 圖

地下迷宮

春天剛到，阿士就忙著挖地道 — 因為他知道剩下的時間不多了

草原犬鼠有許多天敵
- 從天而降的老鷹
- 地上活動的郊狼
- 輕巧滑行的大青蛇

阿士將大青蛇引進自己巧設的地下迷宮 — 讓大青蛇嚇得落荒而逃

大家終於了解阿士的用心 — 建造一個安全又舒適的家

📝 語詞寶典

1.大功告成：圓滿完成艱鉅、偉大的事務。

例句 只要徵得主管的同意，這件事就算是**大功告成**了！

2.不知所措：不知道怎麼辦才好。

例句 火警發生時，許多人都慌亂不已，**不知所措**。

3.動彈不得：無法活動，難以更動。

例句 每逢交通尖峰時刻來臨，車子總是塞在路上**動彈不得**。

4.全身而退：保全住身體、性命。

例句 在那次激烈的戰役中**全身而退**的士兵，寥寥無幾。

📝 小試身手

（　）1.冬天的腳步漸漸走遠，春天的腳步如何降臨人間？
（①悄悄的②快快的③熱熱鬧鬧的）。

（　）2.大家都笑阿土是什麼命？（①富貴命②勞碌命③懶惰命）。

（　）3.下面哪一種動物<u>不是</u>草原犬鼠的天敵？（①老鷹②郊狼③河馬）。

（　）4.可怕的大青蛇有捉到阿土嗎？（①把牠一口吃掉②被牠困在地下迷宮裡③破解了牠的地下迷宮）。

（　）5.阿土的地下迷宮最後發揮了什麼作用？（①發展觀光賺大錢②好玩的闖關遊戲區③平常居住，敵人來襲時救命）。

閱讀心得

請你寫下閱讀故事後的感想。

故事彩繪

請你畫出心目中的故事形象。

動動腦時間

⏱成語接龍：請用成語的最後一字當成下一字開頭，進行有趣的
　成語接龍，不會的，可以查「成語辭典」喔！

⏱範例：三心二**意**→**意**氣用**事**→**事**倍功**半**→**半**途而廢

⏱練習：

　　1.海闊天**空**→（　　　　）→（　　　　）→（　　　　）

　　2.功成名**就**→（　　　　）→（　　　　）→（　　　　）

　　3.風調雨**順**→（　　　　）→（　　　　）→（　　　　）

　　4.千山萬**水**→（　　　　）→（　　　　）→（　　　　）

故事十四 跳蚤市場

　　今天是村子裡一年舉辦一次的跳蚤市場日，許多家庭都會把整年來家裡多餘或用不到的東西拿出來賣，或是交換一些自己需要的物品，是提倡惜物、愛物的好日子。

　　小貓花花與小兔子妮妮住隔壁鄰居，也是好朋友，一起相約逛跳蚤市場，兩人也帶了一些媽媽交代要賣的東西。當天風和日麗，市場人山人海，熱鬧非凡。兩人要賣的東西都是低價品，很快就賣完了，接下來賣方變成買方，開始逛跳蚤市場。

　　兩人的媽媽都有給她們少許零用錢，可以視情況在市場裡買自己需要的東西。花花一見到貨品琳瑯滿目，眼睛也跟著花了，沒兩下子，就把零用錢花完了！

　　妮妮對她說：「花花，我媽媽特別交代，要視自己需要，而且要考慮再三才可以買，妳怎麼一下子就把錢花光了，如果等一下看到更喜歡的東西怎麼辦？」

　　「我就是忍不住！」花花殺價殺紅了眼，看到小豬的攤位上有堆積如山的貨物，而且每件都是超低價，心又開始癢了，摸摸口袋，一毛不剩，轉頭對妮妮說：「妮妮，妳的錢先借我，明天一定還妳！」

　　「不行，我已經看到想買的東西，沒有多餘的錢借妳！」

　　「那……」花花又摸了摸另一邊口袋，是今天媽媽託賣的物品所賺的錢，而且還算不少。

　　「老闆，我要這個，那個，還有……」

　　「花花……」

　　不聽妮妮的勸告，花花很快又把口袋裡的錢花光光。

　　回家後，只聽到花花的媽媽暴跳如雷的聲音：「花花，妳這孩子，妳知道今天所賣的東西，大都是妳去年一整年所買卻用不到的東西，我把它們交給妳低價賣掉，好替妳買一件新衣服，妳怎麼老毛病又犯了，又買了一大堆用不到的東西，今年過年妳就穿舊衣服吧！」

　　花花好後悔沒有聽好朋友妮妮的勸告，買了一堆實在用不到的東西，看來又要成為明年跳蚤市場裡的低價商品了！

心 智 圖

跳蚤市場

村子裡一年舉辦一次跳蚤市場日 ── 目地是鼓勵大家愛物與惜物

妮妮與花花運用金錢的觀念不同 ── 妮妮考慮再三
花花便宜就買

花花不聽勸告，把所有的錢花光光 ── 花光自己的錢
也花光媽媽託賣東西的錢

花花好後悔，因為買來卻用不到的東西 ── 明年將成為跳蚤市場裡的低價商品

👉 語詞寶典

1.風和日麗：形容天氣晴朗。

  例句 春暖花開，**風和日麗**，真教人心曠神怡。

2.人山人海：形容非常多的人聚集在一起。

  例句 舉世聞名的催眠大師來臺演出，現場的觀眾**人山人海**，盛況空前。

3.琳瑯滿目：形容滿眼所見都是珍貴而美好的東西。

  例句 這家古董店的貨色**琳瑯滿目**，教人愛不釋手。

4.暴跳如雷：形容人又急又怒的樣子。

  例句 當他看到兒子的成績單後，氣得**暴跳如雷**。

👉 小試身手

（　）1.跳蚤市場多久舉辦一次？（①一年②半年③一個月）。

（　）2.舉辦跳蚤市場的目的是什麼？（①提供吃喝玩樂②提醒居家大掃除③提倡惜物愛物）。

（　）3.花花見到琳瑯滿目的貨品時怎麼了？（①把零用錢存下來②把零用錢花光光③把零用錢弄丟了）。

（　）4.妮妮的媽媽交代她買東西時要怎麼樣？（①視自己需要而且考慮再三才可以買②用盡全身力氣殺價③愛買什麼就買什麼）。

（　）5.花花不聽勸告，把媽媽託賣的錢也花光光，回家後的下場是？（①被媽媽誇獎②被媽媽責罵③被媽媽趕出家門）。

閱讀心得

請你寫下閱讀故事後的感想。

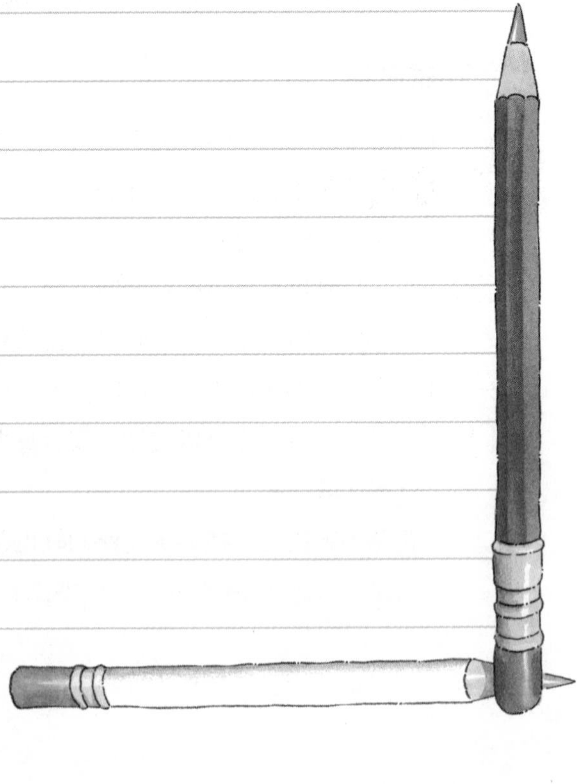

故事彩繪

請你畫出心目中的故事形象。

動動腦時間

接近聯想：從一種事物出發，聯想到性質或形態與它接近的
事物。

範例：（太陽）→ 溫暖 、 向日葵 、 夏天 ………

練習：

　1.月亮→（　　　）、（　　　）、（　　　）

　2.老師→（　　　）、（　　　）、（　　　）

　3.跳舞→（　　　）、（　　　）、（　　　）

　4.高興→（　　　）、（　　　）、（　　　）

故事十五　小草

　　青青草原上擁有一大片翠綠色的草地，草地上羊兒成群，幾行杜鵑，幾棵大樹，在高海拔的艱困環境裡依舊欣欣向榮。

　　小草們正熱烈討論著，今年哪隻羊長得最美？哪隻羊身材最豐腴？哪隻羊毛色最出眾？忽然一陣微風吹拂，小草們個個彎腰駝背，在風中掀起層層綠色波浪。

　　「一群沒用的傢伙，連這種小風都站不住腳，還在這裡高談闊論，真是不害臊！」杜鵑花枝繁葉茂，不僅花兒鮮豔，身段更是婀娜多姿。

　　「對呀，這群平時只會吱吱喳喳的小傢伙，沒什麼本事，只會風吹兩面倒，不如我們葉大如扇，為大地撐出一片綠蔭。」大葉欖仁也加入評論。

　　聽到杜鵑花與大葉欖仁數落的話，小草們窘得啞口無言，看著彼此嬌小的身體，開始懷疑自己存在的價值？

　　有一天，暴風雨來襲，又是狂風又是驟雨，把小草們折騰得暈頭轉向，毫無招架能力。

　　隔天風雨過後，農場主人前來巡視，一見平日美豔動人的杜鵑花，花朵都成了片片碎玉，灑落一地，連葉子也雜亂不堪，心想該是大整容的時候了，於是大剪一揮，將杜鵑花理了一個大光頭。

　　又看到大葉欖仁經不起風狂雨驟，竟然被連根拔起，倒在一旁，也費了好大一番工夫才將它扶正，並將樹身綁在一根長木條上，看上去像極了一位手持拐杖的病人！

　　最後四面環顧，草地在惡劣天氣的蹂躪下，雖然有些積水未退，但是小草們仍舊堅韌的昂揚在這片草原上，立刻放出多日不曾吃到青草的羊群。

　　羊兒們開心的咀嚼嫩草，小草們也開懷的大聲歌唱。

　　「我們是一群不起眼的小小草，狂風吹不倒，大水流不掉，烈日烤不焦，腳鉤腳，放軟腰，一同捍衛這片羊兒的青綠寶。」

　　小草們終於找回自信，發揮「柔而不弱」的生命光輝。

心 智 圖

小草

- 青青草原上的小草們正熱烈討論
  - 哪隻羊最美
  - 哪隻羊最豐腴
  - 哪隻羊毛色最出眾

- 杜鵑花與大葉欖仁都瞧不起小草

- 暴風雨過後
  - 杜鵑花美豔不再
  - 大葉欖仁被連根拔起
  - 小草因為身段柔軟而安然無恙

- 小草們找回信心，發揮柔而不弱的生命光輝

語詞寶典

1.欣欣向榮：草木繁盛的樣子。

　例句 春天一到，草木**欣欣向榮**，大地充滿著生機。

2.高談闊論：大發議論，放言談論。

　例句 候選人盡可**高談闊論**，選民可要仔細評估政見的可行
　　　與否。

3.婀娜多姿：形容儀態柔美，風姿綽約。

　例句 模特兒長期接受訓練，走起路來總是**婀娜多姿**，搖曳
　　　動人。

4.狂風驟雨：風大雨強，引申為處境險惡。

　例句 他在**狂風驟雨**之中，依然堅持目標，努力不懈。

小試身手

（　）1.這片草原有個好聽的名字叫？（①綠綠草原②花花草原
　　　③青青草原）。

（　）2.小草們在風的吹襲下，有什麼反應呢？（①掀起層層波
　　　浪②臥倒在地面上爬不起來③一根根被風吹走了）。

（　）3.下列哪一種植物沒有加入嘲笑小草的行列？（①杜鵑花
　　　②七里香③大葉欖仁）。

（　）4.風雨過後，杜鵑花變得怎麼樣？（①變得更美豔動人
　　　②花朵像碎玉般灑落一地③連根被拔了起來）。

（　）5.在惡劣的天氣下，只有誰幸運而且健康的存活下來？
　　　（①杜鵑花②大葉欖仁③小草）。

✍ 閱讀心得

請你寫下閱讀故事後的感想。

故事彩繪

請你畫出心目中的故事形象。

動動腦時間

類似聯想：把類似的事物加以比較，找出它們特別的地方加以聯想。

範例：廟宇→教堂、清真寺、祭壇………

（提示：都屬於宗教建築類）

練習：

1.地球→（　　　）、（　　　）、（　　　）

2.礦泉水→（　　　）、（　　　）、（　　　）

3.溫暖→（　　　）、（　　　）、（　　　）

4.哭泣→（　　　）、（　　　）、（　　　）

故事十六　花鹿斑斑

　　一望無際的草原上，每年都會舉辦跳高比賽，花鹿斑斑是去年冠軍，正在刺槐樹下汗流浹背的加緊練習。

　　「斑斑，跳高冠軍的頭銜固然重要，但想要在草原上生存，『跑步』才是保命符，要不要跟我們一起練習呢？」

　　「謝謝你的提醒，我的好朋友依依。」斑斑嘴裡雖然這麼說，打從心裡卻瞧不起這群只會成天跑步的傢伙。

「跑步，多無聊的遊戲呀！」斑斑奮力一躍，吃到了平日只有長頸鹿才吃得到的葉子，甜美多汁，驕傲的將它視為冠軍才配得到的獎賞，卻改變不了他在花鹿群裡跑步最慢的事實。

往年雨量豐沛，草原一片翠綠，獅子的黃毛皮極易被發現，所以遷徙得遠遠的，極少聽到花鹿被獅子捕捉的消息。但今年雨量稀少，草原一片枯黃，反而成了獅子的天然保護色！

一對花鹿母子在草原邊玩耍，突然聽到小鹿這麼問：「媽咪，那邊的草怎麼自己會動？」母鹿一看大叫：「不得了了，獅子回來了，大家快跑！」

大夥兒一聽到喊叫，嚇得本能的拔腿就跑，依依聽到了也大喊：「斑斑，獅子來了，快跑！」

「沒事的！」斑斑恍若未聞，仍然在做他的跳高練習。獅子本想追小花鹿，但小花鹿年紀雖小，體態輕盈，一溜煙跑遠了。獅子見難以得手，竟轉頭朝斑斑所在的樹下追過去！

「斑斑，快逃命！」隨著眾人的大聲喊叫，斑斑發現獅子朝自己的方向追來，嚇得想往前跑，不過因為平日疏於練習，竟然還在原地不斷跳躍，大夥兒被嚇出一身冷汗。

依依靈機一動，叫大家一起大喊：「獵人來了，大家快逃命！」

獅子一聽到獵人插手，吃過虧的牠十分清楚獵人的手段，只好放棄到嘴的食物。

斑斑在鬼門關前走了一遭，終於體會出要在草原上生存，得先保住性命，才有餘力發展自己最鍾愛的興趣呢！

心 智 圖

花鹿斑斑

- 跳高冠軍的花鹿斑斑瞧不起只會跑步的草原動物
  - 跑步只是一種無聊的遊戲
  - 吃長頸鹿吃得到的葉子才是冠軍的獎賞
- 獅子利用枯草保護色獵食
  - 大家本能的拔腿就跑
  - 斑斑危急關頭卻只會跳高不會跑步
- 依依的機智救了斑斑一命
  - 叫大家一起喊獵人來了
- 斑斑終於體會出草原的生存道理
  - 得先保命，再發展興趣

語詞寶典

1.一望無際：一眼望去看不著邊際。形容寬廣、遼闊。

　例句 登上樓頂，是一**望無際**的藍天白雲，頓時感覺神清氣爽。

2.汗流浹背：形容工作辛勞或非常慚愧、驚恐的樣子。

　例句 為了布置會場，他忙得**汗流浹背**。

3.恍若未聞：好像沒有聽到的樣子。

　例句 聽到成群的野狗叫聲，大家都跑走了，他卻**恍若未聞**。

4.靈機一動：突來的巧思或領悟。

　例句 他**靈機一動**，倒地裝死，躲過了敵軍的眼目。

小試身手

（　　）1.草原上每一年都會舉辦什麼比賽？（①跳高②跳遠③跳水）。

（　　）2.花鹿斑斑對跑步的看法是？（①無所謂②崇拜③瞧不起）。

（　　）3.不下雨的枯黃草原，存在什麼樣的危險？（①冒然進入會迷路②成了獅子的保護色③大家都沒有食物可以吃）。

（　　）4.獅子為什麼不追小花鹿，卻追斑斑呢？（①斑斑缺乏練習，只會往上跳②小花鹿不怕獅子③斑斑比較好欺負）。

（　　）5.依依用什麼方法救了斑斑一命？（①跟獅子拚命②把自己打扮成獵人③叫大家一起大喊獵人來了）。

☞ 閱讀心得

請你寫下閱讀故事後的感想。

故事彩繪

請你畫出心目中的故事形象。

動動腦時間

對比聯想：從一種事物出發，聯想到性質或形態與它相反或排斥的事物。

範例：（成功）→ 失敗、挫折、放棄………

練習：

1.天空→（　　　）、（　　　）、（　　　）

2.雨水→（　　　）、（　　　）、（　　　）

3.開心→（　　　）、（　　　）、（　　　）

4.快車→（　　　）、（　　　）、（　　　）

故事十七　快樂鳥馬戲團

　　小羽出生在一個燕子大家庭，個個都是飛行高手，尤其具備長途飛行的能力，在小鎮裡是郵差工作的不二人選；不過小羽天生翅膀無法完全張開，所以只能做短距離飛行，不能從事送信的工作，這讓他非常沮喪。

　　小羽有一項天生才能，就是只要聽到音樂，就能翩然起舞，即使沒有聽過的旋律，也能搭配得天衣無縫，可惜這項才能被埋沒了。

　　有一天，小鎮來了一個馬戲團，是遠近馳名的「快樂鳥馬戲團」。

　　小羽好期待去觀賞，不過沒有工作的他並沒有多餘的錢，正在售票口徘徊時，被一位雙目炯炯發亮的老鷹先生看到了。

　　「年輕人，你是不是小鎮有名的燕子家族成員？我是這個馬戲團的團長，想向你打聽一個人，不知道可不可以？」

　　「當然可以，反正……我現在也沒有工作？」

　　「那你認識愛跳舞的小羽嗎？」

　　「啊?!」

　　小羽不敢相信自己的耳朵，原來這位赫赫有名的馬戲團團長正要找他。

　　「你……找他有事嗎？」

　　「我聽說他很會跳舞，我們團裡正好缺一名舞者，我想當面問他要不要加入我們，一起到世界各地巡迴表演呢？」

　　這個突來的天大消息嚇得小羽久久說不出話來，等情緒平復後，才表明身分，並向團長報告要父母同意才行。

　　「沒關係，我這裡有三張貴賓票送給你，記得帶你的父母一起來看表演喔！」

　　當天晚上熱鬧非凡，小羽帶著父母親，看到這群特別的馬戲團員，有不會游泳的企鵝，卻踢了一腳好足球；有不會唱歌的鸚鵡，卻是跳繩高手；還有不會跑步的駝鳥，竟是矯健的空中飛人。

　　表演結束後，老鷹團長對著小羽的父母親說：「天生我才必有用，命運收走你一樣才能，卻會還給你另一樣，我的團員就是最好的證明，所以千萬不要小看自己喔！」

　　小羽就在團長的鼓勵與父母親的祝福下，以優雅的身段、曼妙的舞姿、超越飛行能力，成為家喻戶曉的燕子舞蹈表演家。

快樂鳥馬戲團

- 小羽天生翅膀有缺陷 ─ 無法長途飛行，卻熱愛跳舞
- 老鷹團長邀請小羽 ─ 到馬戲團從事舞蹈表演工作
- 小羽與父母看到馬戲團成員殘而不廢的精神
  - 不會游泳的企鵝，卻踢了一腳好足球
  - 不會唱歌的鸚鵡，卻是跳繩高手
  - 不會跑步的鴕鳥，竟是矯健的空中飛人
- 天生我才必有用 ─ 小羽不向命運低頭，終於成為家喻戶曉的舞蹈家

📖 語詞寶典

1.天衣無縫：比喻做事精巧，無隙可尋。

　　例句 晚會中，她們的相聲表演搭配得**天衣無縫**。

2.赫赫有名：形容聲名顯揚的樣子。

　　例句 這位正是畫壇中**赫赫有名**的張大師。

3.天生我才必有用：形容每個人天生都有自己獨特的才能。

　　例句 **天生我才必有用**，只要肯努力，最後一定會成功。

4.家喻戶曉：形容事情或名聲傳布極廣。

　　例句 她是**家喻戶曉**的大明星，因此一舉一動都格外引人注目。

📖 小試身手

（　　）1.燕子家族都是飛行高手，為什麼單獨小羽飛不遠呢？
　　　　（①懶得飛②天生有缺陷③貪圖享樂）。

（　　）2.小羽的天生「才能」是什麼？（①舞蹈②長笛③跳
　　　　遠）。

（　　）3.「快樂鳥馬戲團」的團長是誰？（①麻雀②貓頭鷹③老
　　　　鷹）先生。

（　　）4.「快樂鳥馬戲團」裡有不會游泳的企鵝，卻會做什麼？
　　　　（①高中飛人②跳繩③踢足球）。

（　　）5.快樂鳥馬戲團的老鷹團長對著小羽的父母親說了些什
　　　　麼？（①船到橋頭自然直②天生我才必有用③一日之計
　　　　在於晨）。

閱讀心得

請你寫下閱讀故事後的感想。

故事彩繪

請你畫出心目中的故事形象。

🖐 動動腦時間

⏱因果聯想：從事物間屬性的相互關係、前因後果，來引發
聯想。

⏱範例：（快樂）→ 生日 、 被誇獎 、 幫助別人 ………

⏱練習：

1.考試→（　　　）、（　　　）、（　　　）

2.不專心→（　　　）、（　　　）、（　　　）

3.感冒→（　　　）、（　　　）、（　　　）

4.表演→（　　　）、（　　　）、（　　　）

故事十八　雷公谷

　　有一處幽靜的山谷，林木蒼翠，景色宜人，這裡住著一群與世無爭的灰熊。其中有一隻灰熊長得特別壯碩，而且力大無窮，名叫阿力，只是個性孤僻，除了溫柔的小母熊小蘭以外，沒有其他灰熊願意當牠的朋友。

　　有一天有一群小熊在樹下玩耍，阿力正巧路過，突然對這群小熊大吼一聲，聲音幾乎掀掉整座山谷，小熊們嚇得四處逃竄。從此只要阿力經過的地方，再也沒有熊敢靠近牠！

　　儘管事後也在現場的小蘭努力向大家解釋，說阿力那一聲巨吼是要趕走正在接近小熊的宿敵「豹」！但阿力的義舉並未得到掌聲，反而讓大家避之唯恐不及。

　　在一次嚴重的暴風雪裡，千年的古木突然倒塌，正巧壓住母熊的洞口，小熊們被困在洞裡。母熊在洞外焦急的咆哮，大夥兒見狀都來幫忙，但古木實在太過巨大，眼看小熊們就要餓死在洞內。

　　這時由遠方傳來巨大的聲響，接著一聲熟悉的大吼，大家紛紛走避。母熊本能的守住洞口，卻全身顫抖。

　　只見阿力以最快的速度奔馳而來，好像一座會移動的大山。隨著身後小蘭的出現，大家才鬆了口氣，原來是小蘭找來阿力幫忙。

　　阿力奮不顧身與巨木搏鬥，全身擦出一處處傷痕，卻還惦記洞內挨餓的小熊。好幾次龐大的身軀在雪地上重重摔跤，但阿力總是掙扎爬起來，彷彿把洞內小熊當做自己的小孩一般，盡全力搶救。

　　好不容易將巨木移動半分，正好夠小熊的迷你身軀穿過。母子重逢的溫馨畫面讓大家陪著流眼淚，渾身是傷的阿力則在眾人的感激聲中，依然面帶招牌傻笑，大家這才發現，阿力一點也不兇，還有一顆善良的心，只是不善於表達自己的感情罷了。

　　從此以後，小熊們整天圍著阿力玩，有的跳到牠的背，有的爬上牠的肩膀，阿力也樂在其中，好像一家人似的。

　　這時山谷裡偶爾會傳來一聲大吼，接著有幾聲小吼呼應，聲震山岡，嚇得附近的肉食動物們紛紛走避，相互告誡，說這裡一定住了一群強悍的動物，會發出雷一般的叫聲，實在招惹不起，於是這處山谷便有了外號，叫「雷公谷」。

心 智 圖

雷公谷

大灰熊阿力個性孤僻，幾乎沒有朋友 ── 只有溫柔的小母熊小蘭願意當牠的朋友

阿力用吼聲救了小熊，卻嚇壞了其他灰熊 ── 為了趕走正在接近小熊的宿敵「豹」

阿力奮不顧身，渾身是傷的救出母熊被困的孩子 ── 大家這才發現阿力一點也不兇，還有一顆善良的心

阿力與小熊們的聯合吼聲，嚇跑了附近的肉食動物 ── 成就了「雷公谷」的稱號

語詞寶典

1.與世無爭：形容人生性淡泊，與世人毫無爭執。

　　例句 陶淵明在辭官之後便隱居田園，過著**與世無爭**的生活。

2.避之唯恐不及：想躲避都怕來不及。

　　例句 他是村子裡有名的惡霸，大家**避之唯恐不及**。

3.奮不顧身：勇往向前，不顧生死。

　　例句 他**奮不顧身**的跳下水，將落水的小女孩救上岸。

4.渾身是傷：全身都受到傷害。

　　例句 地震時他雖然**渾身是傷**，仍然救了許多人。

小試身手

（　　）1.灰熊阿力為什麼交不到朋友？（①常常欺負弱小②喜歡
　　　　惡作劇③個性孤僻，不善於跟人交往）。

（　　）2.阿力為什麼要對著小熊大吼大叫？（①想嚇嚇牠們②想
　　　　趕走天敵豹③想逞一下威風）。

（　　）3.阿力得知小熊被困在洞裡有什麼反應？（①表現出事不
　　　　關己②拚命想救牠們③大聲嘲笑牠們）。

（　　）4.救出小熊的阿力怎麼了？（①跟小熊玩在一起②當上了
　　　　熊大王③變得很驕傲）。

（　　）5.為什麼這座山谷叫「雷公谷」？（①有雷公住在這裡
　　　　②經常有打雷的自然現象③有一群動物會發出像雷一般
　　　　的叫聲）。

閱讀心得

請你寫下閱讀故事後的感想。

故事彩繪

請你畫出心目中的故事形象。

動動腦時間

⏱修辭練習：常用的修辭法在閱讀裡扮演重要角色，好好練習，一定會有大大的進步喔！

⏱範例：太陽像顆大火球，慢慢從海平面升上來。（譬喻法）

⏱練習：

提示：甲：譬喻法；乙：轉化法；丙：設問法；丁：類疊法；戊：層遞法（請填入代號）

1.榕樹努力的揮動雙手，準備向我道別。（　　　）

2.時間是一個滾動的巨輪，永遠不停留。（　　　）

3.妹妹長得白白淨淨的，大家都很疼她。（　　　）

4.知道下棋不如喜好下棋，喜好下棋不如沉醉棋藝中。（　　　）

5.「網路」是現代學習不可或缺的工具之一，你會上網找資料嗎？（　　　）

故事十九　自私的朋友

當春天第一道暖風吹拂大地，花兒們紛紛甦醒過來，急切的綻放一身豔麗色彩。此時鼴鼠破土而出，挺起靈敏的長鼻子四處嗅聞，這睽違整個冬季的花香記憶。

當牠來到農場邊緣，正好有一隻家鼠經過，認得老朋友，立刻上前招呼。

「我說鼴鼠兄，已經整整一個冬季不見，看你瘦了一大圈，肯定餓壞了，我就請你吃頓好的吧！」家鼠熱情邀約。

「謝謝你，好朋友，我實在太餓了，餓得可以吃掉一整座山了！」鼴鼠摸摸自己已經乾扁的肚子說。

家鼠就請鼴鼠來到農場食物最豐盛的穀倉，那裡糧食充裕，足夠老鼠們度過漫漫長冬。可是家鼠依舊保持苗條身材，「能不被食物誘惑的老鼠才是真正的好老鼠」，鼴鼠對家鼠更加佩服。

「請進，這座大穀倉平時沒什麼人，食物卻蘊藏驚人，想吃什麼就吃什麼，不用客氣喔！」

　　鼴鼠聞到一股又一股的食物香味，整個腦子都昏了，口水流了一地，正準備大啖美食，突然一聲記憶深處才有的刺耳叫聲劃破了平靜的空氣──「喵」！

　　家鼠一見苗頭不對，立刻朝屋角的預藏小洞鑽了進去，並朝身後大叫：「老朋友，這躲藏的地方太小，你進不來，快到別處去，可千萬別告訴貓我躲在這裡喔！」

　　鼴鼠一時反應不過來，剛到陌生地，視力又不好，連逃走的行動都還沒展開，黑影一到，一隻大花貓從天而降，以利爪將鼴鼠整個壓倒在地！

　　「噢，什麼噁心的傢伙，又臭又髒，還好我吃飽了，否則我寧願啃爛木頭也不想吃你！」

　　大花貓一說完，嫌棄似的收回前足，一溜煙不見了。

　　躲在洞裡的家鼠見到大花貓走遠了，立刻靠了過來，一臉訝異的問：「鼴鼠呀鼴鼠，你哪時候學得這一身本事，連那隻外號『老鼠剋星』的大花貓都放你一馬，快跟我說說，剛才大花貓在你耳邊說了些什麼？」

　　鼴鼠慢慢平復情緒，這才明白家鼠為什麼明明有一整座穀倉的食物，經過一個冬季卻還是吃不胖的原因。鼴鼠淡淡回答：「我其實沒什麼特殊本事，只是聽貓大哥說，不能在患難時相互幫助的朋友，以後就別再理牠了！」

　　話一說完，鼴鼠寧願挨餓，也要離開這座充滿食物，卻隨時可能喪命的穀倉。鼴鼠頭也不回的離開這位無法在危難時幫助自己的自私朋友，繼續單獨在野外找尋食物。

春天的鼴鼠破土而出 ─ 嗅聞暌違整個冬季的花香記憶

鼴鼠的好朋友家鼠請牠到農場作客 ─ 鼴鼠餓得可以吃掉一整座山

能不被食物誘惑的老鼠才是好老鼠

大花貓捉住鼴鼠，並跟牠說了一些話 ─ 大花貓嫌鼴鼠髒臭不好吃

家鼠想知道大花貓說了什麼？ ─ 家鼠訝異鼴鼠學得一身本事

鼴鼠故意告訴牠：「不要理不能共患難的朋友！」 ─ 鼴鼠這才明白家鼠吃不胖的原因

鼴鼠寧願挨餓，也不願意冒生命危險嘗試美食 ─ 繼續到野外找食物

自私的朋友

語詞寶典

1.睽違已久：分離、別離很久。

例句 在街上遇到**睽違已久**的好朋友，令她十分開心。

2.蘊藏驚人：積藏非常豐富。

例句 這座山的鐵礦**蘊藏驚人**，但不到幾年就被開採光了。

3.苗頭不對：事情開始所顯露的一點跡象不對勁。

例句 他一看**苗頭不對**，立刻逃走。

4.一溜煙：一道輕煙。形容飛快的樣子。

例句 下課鐘響，小明便**一溜煙**跑出去玩了。

小試身手

（　　）1.鼴鼠什麼時候會破土而出？（①春天②冬天③黃昏）。

（　　）2.好心的家鼠邀請鼴鼠到哪裡作客？（①農場的廚房②農場的穀倉③農場的餐廳）。

（　　）3.飢餓的鼴鼠正想飽餐一頓，卻被誰嚇壞了？（①老黃狗②農場的主人③大花貓）。

（　　）4.大花貓為什麼不想吃掉鼴鼠？（①只想跟牠玩②已經吃飽了③捉錯獵物）。

（　　）5.鼴鼠故意告訴家鼠，大花貓跟牠說了什麼？（①別理不能共患難的朋友②還是魚比較好吃③等牠們養胖點，下次再吃掉牠們）。

✍ 閱讀心得

請你寫下閱讀故事後的感想。

✐ 故事彩繪

請你畫出心目中的故事形象。

動動腦時間

猜字謎：字謎是謎語的一種，也是中國獨特的文字遊戲，試試看，你對文字的敏銳度！

範例：十五天→（胖）

練習：

1.二點水→（　　　）

2.半個人→（　　　）

3.一箭穿心→（　　　）

4.上下不分→（　　　）

5.半推半就→（　　　）

6.九十九→（　　　）

7.十月十日→（　　　）

8.太陽西邊下，月兒東邊掛→（　　　）

故事二十　愛惡作劇的阿剛

　　阿剛是三年五班有名的惡作劇大王，經常在想整人的壞點子。

　　阿剛喜歡偷藏別人的東西，再假裝沒事的在附近晃來晃去，想看看大家找不到東西的緊張表情。

　　阿剛也喜歡在玩遊戲的時候不遵守遊戲規則，還常常叫別人聽他的，如果別人不配合他就生氣。

　　阿剛更喜歡躲在轉角或陰暗的地方，只要有人經過，他就裝鬼跳出來嚇人。

　　但這一切在新導師出現後，所有壞主意都被掃進垃圾桶裡，阿剛也受到應有的處罰。

　　這兩天導師請假，阿剛的眼睛跟著亮了起來，躲藏在身體裡的壞點子又開始作怪。

阿剛帶來自己最心愛的三隻寵物：蟑螂、青蛙和蛇，雖然都是塑膠做的，但看起來都好像真的一樣。

　　午休時間終於到了，這是阿剛一天中最期待的時刻，他覺得抽屜裡的寵物好像急著要出來透透氣。

　　阿剛計畫利用午休時間，等大家都睡著了，再將這三隻可怕的寵物分別送給班長（平常最愛管他）、風紀股長（平常最愛記他名字）和衛生股長（平常最愛嫌他髒亂）。

　　可是今天很奇怪，大家像一隻隻精力旺盛的毛毛蟲，都不想睡覺的樣子。阿剛等得不耐煩，腦筋愈來愈迷糊，模糊的眼神裡，忽然發現全教室裡的人好像都一起進入睡眠國了，立刻將三隻寵物一一放出來，自己再假裝什麼事都沒發生過。

　　正想回到座位，忽然背後傳來一個聲音：「阿剛，你為什麼把我們丟掉，是不是不要我們了？」

　　阿剛回頭一看，沒有人！

　　剛轉身，又傳來另一個聲音：「阿剛，你平常不好好對待我們，現在又要拿我們去嚇人了嗎？」

　　阿剛又回頭，還是沒有人呀！

　　當第三個聲音傳來，有三隻站起來比門還高的寵物，每隻都吐著舌頭，一直朝阿剛慢慢靠過來，好像要吃了他一樣。

　　阿剛嚇得想逃，卻發現兩隻腳竟然緊緊黏在地板上，忽然大叫一聲，原本安靜的午休教室立刻像菜市場一樣熱鬧起來，小朋友們忙著安慰全身冒冷汗的阿剛，連老師也走過來關心他。

　　阿剛看到大家誠懇的關愛眼神，慚愧的頭愈來愈低，愈來愈低，低到高度正好夠他把抽屜那三隻寵物丟回自己的書包裡。

心 智 圖

```
愛惡作劇的阿剛
├─ 阿剛出名的原因 ─── 經常在想整人的壞點子
│
├─ 阿剛的惡作劇 ┬─ 偷藏別人東西
│              ├─ 不遵守遊戲規則
│              └─ 裝鬼嚇人
│
├─ 阿剛與導師的互動關係 ┬─ 導師出現，阿剛收斂惡行
│                      └─ 導師請假，阿剛故態萌發
│
├─ 阿剛拿出三件寵物嚇人，最後卻嚇到自己 ┬─ 假蟑螂嚇班長
│                                      ├─ 假青蛙嚇風紀股長
│                                      └─ 假蛇嚇衛生股長
│
└─ 大家關愛的眼神，讓阿剛感到慚愧 ─── 把壞點子丟回自己的書包裡
```

語詞寶典

1.惡作劇：開玩笑，戲弄人而令人難堪的行為。

例句 當他發現這是同事們的**惡作劇**時，不禁莞爾一笑。

2.壞點子：壞計謀或壞主意。

例句 小明喜歡惡作劇，經常想出一些**壞點子**來惡整同學！

3.精力旺盛：精神、力氣充沛。

例句 他整天**精力旺盛**，絲毫沒有半點疲態。

4.不耐煩：急躁而無耐心的樣子。

例句 他被小孩吵得很**不耐煩**。

小試身手

（　）1.阿剛在班上因為什麼事出名？（①惡作劇②幫助同學
③模範生）。

（　）2.阿剛的新導師來了以後，對他做了什麼事？（①任他
胡作非為②請他當班長③識破他的壞主意並且加以處
罰）。

（　）3.阿剛想利用什麼時間嚇別人？（①掃地時間②午休時間
③下課時間）。

（　）4.阿剛想嚇別人最後嚇到誰了？（①自己②班長③風紀股
長）。

（　）5.看到大家關愛的眼神，阿剛覺得？（①無所謂②很生氣
③好慚愧）。

✍ 閱讀心得

請你寫下閱讀故事後的感想。

故事彩繪

請你畫出心目中的故事形象。

動動腦時間

⏱猜燈謎：常在每年正月十五日元宵節舉行，配合花燈，是一種有趣的猜謎語遊戲。

⏱範例：左一片，右一片，摸得著，看不見（猜一人體器官）→（耳朵）

⏱練習：

1.七竅通了六竅（猜一句成語）→（　　　　　）

2.員（猜一數學名詞）→（　　　　　）

3.雙水雙火（猜一臺灣地名）→（　　　　　）

4.雨後春筍（猜一臺灣地名）→（　　　　　）

5.森林大火（猜一字）→（　　　　　）

6.降落傘（猜三國人名）→（　　　　　）

7.半夜裡打算盤（猜一俗語）→（　　　　　）

第二單元

進階區

故事二十一 有老鼠影子的貓

　　波奇是一隻高貴的貓，有優雅的體態與漂亮的毛色，只是這二天主人不在家，餓得牠二眼發昏，全身無力的倒臥在祭壇出入口。

　　傳說祭壇的老鼠不能吃，會帶來惡運。飢餓讓牠失去理智，看到一隻又大又肥的老鼠經過，波奇利爪一伸，大口一張，肚子立刻鼓了起來。

　　波奇滿意極了，份量剛剛好。正想轉身離開，突然看到自己尾巴後面有個奇怪的影子，那是老鼠才有的！

　　波奇嚇得逃回家，心想只要跟以前一樣，睡一覺，醒來一切就恢復了。只是不管怎麼睡了又醒，醒了又睡，惱人的老鼠影子還是糾纏著牠。

　　在一次小團體聚會，大家熱烈的討論如何增進貓族的福利，波奇有個好點子，卻說出了令大家驚訝的話，那是老鼠才有的聲音！

　　波奇愈來愈奇怪，喜歡鑽又髒又臭的下水道，喜歡找木頭磨牙，喜歡吃又濃又香的臭乳酪，喜歡……

　　波奇忍不住跑到平常主人試衣服的房間，那裡有一面大到足以照進全身人像的鏡子。牠站在前面，身影顯然比平常更加渺小，因為在鏡子裡面，牠看到的不是「貓」，而是一隻「小老鼠」！

　　波奇急得流下了二行眼淚，突然覺得臉上又溼又癢，伸手去抓，鋒利的爪子讓牠痛醒了，波奇發現自己還在祭壇門口，肚子餓得咕嚕咕嚕叫！

　　波奇突然站了起來，雖然有點吃力，但地上確實有一隻正在微笑的貓影子。波奇大大鬆了口氣，挺著空肚子，卻心滿意足，身段優雅的離開神聖的祭壇。

故事大意

請仔細看過全文，並試著寫出「故事大意」，字數在一百字到二百字之間。

🖊️ 我是演說家

請以「貓與老鼠」為主題，編出一篇故事，並試著演說給大家
聽喔！

故事二十二 阿水的超能力

火家村的住戶都姓火，有人叫火柴、火星、火車、火把……等，只有阿水一人例外，因為他姓水，大家就叫他阿水。

姓火的人都擁有特殊能力，如果兩人爭得面紅耳赤時，只要一方「發火」，另一方就會被燒焦，當然，他自己也會被燒焦！

阿水也好想有超能力。

有一次，他的背部突然捲起了巨浪般的大水，阿水高興極了，只聽老師坐在高處淡淡的說：「那只是流汗而已！」

又有一次，他看戲感動到眼眶如河水般泛濫，阿水興奮極了，但觀眾卻一邊拉著褲管，一邊冷漠的說：「那只是流淚而已！」

還有一次，他看到供桌上的美食，嘴裡如溫泉般湧出熱水來，阿水肯定這次一定是了，不過同學怕燙似的閃到旁邊回了一句：「那是流口水啦！」

　　不管別人怎麼講，阿水還是相信自己有超能力。

　　有一天，村子發生大火，火勢大到連不怕火的火家村民都不敢靠近，聽到火窟裡傳來嬰兒的啼哭聲，大家只能乾著急。

　　阿水二話不說，立刻衝入火場，在大家為他捏一把冷汗的時候，阿水手裡抱著嬰兒走出來，全身完好無傷，好像真的有超能力一樣。

　　村子裡的人雖然都很感謝阿水，但是阿水覺得自己一點也不像火家村的人，於是決定到外面的世界闖一闖。

　　走了好久好久的路，也記不得看過多少次月亮了，來到一處沙漠綠洲城堡，卻發現附近一片枯黃，連一根草都長不出來。

　　城牆上貼著大大的告示：缺水國今年嚴重缺水，國王公告天下，只要找到水源的人，就把自己的女兒水噹噹公主嫁給他。

　　阿水憑著直覺來到一條乾枯的河道，眼睛大老遠就看到有一隻鹿用舌頭舔著地上的泥巴，鼻子更聞到一股淡淡的溼氣，他確定水源就在這裡了！

　　「這裡有水，快來挖啊！」大家長久缺水都懶洋洋的，根本沒有人理他。

　　阿水只好自己拿著鏟子用力往下挖，不一會兒，一股噴泉將他頂到天空去。

　　阿水成了缺水國的英雄，並順利娶了水噹噹公主，還生了水嫩嫩小公主，後來甚至當上了缺水國國王。

　　看著水嫩嫩小公主號啕大哭時淚水在地上流成了一條條小河，阿水會心一笑，彷彿看到小時候的自己，心想：「這下缺水國不會再缺水了，就改名叫水多多王國吧！」

段落大意

請標出段落，並簡短寫出故事的<u>段落大意</u>。

◎第一到第三段：＿＿＿＿＿＿＿＿＿＿＿＿＿＿＿＿

＿＿＿＿＿＿＿＿＿＿＿＿＿＿＿＿＿＿＿＿＿＿＿＿

◎第四到第七段：＿＿＿＿＿＿＿＿＿＿＿＿＿＿＿＿

＿＿＿＿＿＿＿＿＿＿＿＿＿＿＿＿＿＿＿＿＿＿＿＿

◎第八到第九段：＿＿＿＿＿＿＿＿＿＿＿＿＿＿＿＿

＿＿＿＿＿＿＿＿＿＿＿＿＿＿＿＿＿＿＿＿＿＿＿＿

◎第十到第十三段：＿＿＿＿＿＿＿＿＿＿＿＿＿＿

＿＿＿＿＿＿＿＿＿＿＿＿＿＿＿＿＿＿＿＿＿＿＿＿

◎第十四到第十七段：＿＿＿＿＿＿＿＿＿＿＿＿＿

＿＿＿＿＿＿＿＿＿＿＿＿＿＿＿＿＿＿＿＿＿＿＿＿

我是小作家

請依據故事的中心思想，對全文進行改寫，例如《阿火的超能力》、《阿土的超能力》等。

◎故事改寫：

参考答案

 範本區

故事一　規矩鴨解答

小試身手

1.③；2.②；3.①；4.②；5.③

動動腦時間

	籃				工	
棒	球	賽		計	程	車
	場				師	

故事二　禮貌小天使解答

小試身手

1.①；2.②；3.②；4.③；5.②

動動腦時間

一【匹】布	一【尾】魚	一【張】嘴	一【艘】船
一【道】閃電	一【片】樹林	一家五【口】	一【串】葡萄

故事三　一對好朋友解答

小試身手

1.③；2.②；3.③；4.①；5.②

👉 動動腦時間

1.（七）＋（刀）＝（切）→（切菜）

2.（口）＋（力）＝（加）→（加法）

3.（月）＋（門）＝（悶）→（悠閒）

4.（水）＋（青）＝（清）→（清楚）

5.（言）＋（方）＝（訪）→（拜訪）

6.（竹）＋（同）＝（筒）→（筆筒）

7.（道）＋（寸）＝（導）→（導師）

8.（並）＋（日）＝（普）→（普遍）

故事四　各安本分解答

👉 小試身手

1.② ; 2.① ; 3.③ ; 4.② ; 5.③

👉 動動腦時間

1.（銅）－（金）＝（同）→（相同）

2.（泳）－（水）＝（永）→（永遠）

3.（材）－（木）＝（才）→（才能）

4.（城）－（土）＝（成）→（成功）

5.（睛）－（目）＝（青）→（青翠）

6.（志）－（心）＝（士）→（士兵）

7.（時）－（日）＝（寺）→（寺廟）

8.（讀）－（言）＝（賣）→（賣力）

故事五　夜鶯的歌聲解答

小試身手

1.③；2.①；3.③；4.②；5.①

動動腦時間

1.（火）＋（火）→（炎）

2.（土）＋（土）→（圭）

3.（山）＋（山）→（出）

4.（夕）＋（夕）→（多）

5.（木）＋（木）→（林）

6.（月）＋（月）→（朋）

7.（匕）＋（匕）→（比）

8.（喜）＋（喜）→（囍）

故事六　小白兔的紅眼睛解答

小試身手

1.①；2.②；3.③；4.②；5.①

動動腦時間

1.（木）＋（木）＋（木）→（森）

2.（金）＋（金）＋（金）→（鑫）

3.（水）＋（水）＋（水）→（淼）

4.（虫）＋（虫）＋（虫）→（蟲）

5.（日）＋（日）＋（日）→（晶）

6.（犬）＋（犬）＋（犬）→（猋）

7.（十）＋（十）＋（十）→（卉）

8.（車）＋（車）＋（車）→（轟）

故事七　比高解答

小試身手

1.③；2.②；3.①；4.③；5.③

動動腦時間

1.白雪←→（雪白）

造句：屋外下著白雪，變成一片雪白的世界。

2.牙刷←→（刷牙）

造句：刷牙時一定要正確使用牙刷。

3.說話←→（話說）

造句：話說上課時如果一直說話，就會被老師處罰。

故事八　花鼠村解答

小試身手

1.②；2.①；3.③；4.①；5.②

動動腦時間

1.（一）朝（一）夕

2.（十）全（十）美

3.（百）戰（百）勝

4.（自）作（自）受

5.（糊）里（糊）塗

6.（任）勞（任）怨

7.（作）威（作）福

8.（大）搖（大）擺

故事九　夜光精靈解答

🖙 小試身手

1.①；2.②；3.①；4.②；5.③

🖙 動動腦時間

1.平平（安安）

2.堂堂（正正）

3.乾乾（淨淨）

4.吵吵（鬧鬧）

5.吱吱（喳喳）

6.吞吞（吐吐）

7.從從（容容）

8.轟轟（烈烈）

故事十　小不點解答

🖙 小試身手

1.①；2.②；3.②；4.③；5.①

動動腦時間

1. （一）心（二）用

2. （四）分（五）裂

3. （五）顏（六）色

4. （七）上（八）下

5. （八）（九）不離（十）

6. （千）方（百）計

7. （千）辛（萬）苦

8. （萬）綠叢中（一）點紅

故事十一　狐狸與蝸牛解答

小試身手

1.③；2.②；3.①；4.③；5.②

動動腦時間

1. 萬（紫）千（紅）

2. （碧）海（藍）天

3. （青）出於（藍）

4. （黑）（白）分明

5. （白）裡透（紅）

6. 大（紅）大（紫）

7. （藍）天（白）雲

8. （綠）水（青）山

故事十二　浮萍解答

小試身手

1.③；2.②；3.③；4.①；5.②

動動腦時間

1.（狐）群（狗）黨

2.（雞）飛（狗）跳

3.（虎）頭（蛇）尾

4.狡（兔）三窟

5.如（魚）得水

6.亡（羊）補牢

7.天（馬）行空

8.沉（魚）落（雁）

故事十三　地下迷宮解答

小試身手

1.①；2.②；3.③；4.②；5.③

動動腦時間

1.海闊天空→（空前絕後）→（後來居上）→（上山下海）

2.功成名就→（就地正法）→（法外施恩）→（恩重如山）

3.風調雨順→（順手牽羊）→（羊腸小道）→（道聽途說）

4.千山萬水→（水到渠成）→（成人之美）→（美不勝收）

故事十四　跳蚤市場解答

小試身手

1.①；2.③；3.②；4.①；5.②

動動腦時間

1.月亮→（銀盤）、（玉兔）、（冬天）

2.老師→（考試）、（比賽）、（安慰）

3.跳舞→（音樂）、（運動）、（肢體動作）

4.高興→（笑容）、（生日）、（考一百分）

故事十五　小草解答

小試身手

1.③；2.①；3.②；4.②；5.③

動動腦時間

1.地球→（金星）、（木星）、（土星）

2.礦泉水→（奶茶）、（咖啡）、（豆漿）

3.溫暖→（樂觀）、（開朗）、（燦爛）

4.哭泣→（悲觀）、（傷心）、（憂鬱）

故事十六　花鹿斑斑解答

小試身手

1.①；2.③；3.②；4.①；5.③

動動腦時間

1.天空→（陸地）、（海洋）、（地底）

2.雨水→（缺水）、（旱災）、（土地龜裂）

3.開心→（悲傷）、（難過）、（憂鬱）

4.快車→（慢車）、（腳踏車）、（走路）

故事十七　快樂鳥馬戲團解答

小試身手

1.②；2.①；3.③；4.③；5.②

動動腦時間

1.考試→（練習）、（測驗）、（獎狀）

2.不專心→（肚子餓）、（生病）、（罰站）

3.感冒→（天氣太冷）、（傳染病）、（打針）

4.表演→（緊張）、（比賽）、（賺錢）

故事十八　雷公谷解答

小試身手

1.③；2.②；3.②；4.①；5.③

動動腦時間

1.榕樹努力的揮動雙手，準備向我道別。（乙）

2.時間是一個滾動的巨輪，永遠不停留。（甲）

3.妹妹長得白白淨淨的，大家都很疼她。（丁）

4.知道下棋不如喜好下棋，喜好下棋不如沉醉棋藝中。（戊）

5.「網路」是現代學習不可或缺的工具之一，你會上網找資料嗎？（丙）

故事十九　自私的朋友解答

小試身手

1.①；2.②；3.③；4.②；5.①

動動腦時間

1.二點水→（冰）

2.半個人→（伴）

3.一箭穿心→（必）

4.上下不分→（卡）

5.半推半就→（掠）

6.九十九→（白）

7.十月十日→（朝）

8.太陽西邊下，月兒東邊掛→（明）

故事二十　愛惡作劇的阿剛解答

小試身手

1.①；2.③；3.②；4.①；5.③

動動腦時間

1.七竅通了六竅（猜一句成語）→（一竅不通）

2.員（猜一數學名詞）→（圓心）

3.雙水雙火（猜一臺灣地名）→（淡水）

4.雨後春筍（猜一臺灣地名）→（新竹）

5.森林大火（猜一字）→（焚）

6.降落傘（猜三國人名）→（張飛）

7.半夜裡打算盤（猜一俗語）→（暗算）

 **進階區**

故事二十一　有老鼠影子的貓參考解答

故事大意

　　飢餓的波奇不顧傳言，把祭壇的老鼠吞下肚，開始了一連串的惡運。首先牠發現自己的影子竟然變成了老鼠，接著發出老鼠才有的聲音、喜歡鑽又髒又臭的下水道、喜歡找木頭磨牙、喜歡吃又濃又香的臭乳酪……，最後在人類試衣間的鏡子前，波奇發現自己完全變成老鼠了。淚流滿面的波奇在利爪的疼痛作用下醒了過來，發現還好只是做了一場可怕的「惡夢」！

我是演說家

（「貓」與「老鼠」互動的故事很多，請自由發揮。）

故事二十二　阿水的超能力參考解答

段落大意

◎第一到第三段：阿水想擁有超能力。

◎第四到第七段：阿水相信自己有超能力。

◎第八到第九段：阿水好像真的有超能力。

◎第十到第十三段：阿水證明自己有超能力。

◎第十四到第十七段：阿水的超能力遺傳給下一代。

我是小作家

（請發揮想像力，運用寫作的技巧自由作答。）

兒童文學14　PG1381

閱讀一點靈
——深耕語文能力的二十二個小故事

編著者／廖文毅
責任編輯／陳佳怡
圖文排版／賴英珍
封面設計／王嵩賀
出版策劃／秀威少年
製作發行／秀威資訊科技股份有限公司
114 台北市內湖區瑞光路76巷65號1樓
電話：+886-2-2796-3638
傳真：+886-2-2796-1377
服務信箱：service@showwe.com.tw
http://www.showwe.com.tw

郵政劃撥／19563868
戶名：秀威資訊科技股份有限公司
展售門市／國家書店【松江門市】
104 台北市中山區松江路209號1樓
電話：+886-2-2518-0207
傳真：+886-2-2518-0778

網路訂購／秀威網路書店：http://www.bodbooks.com.tw
國家網路書店：http://www.govbooks.com.tw

法律顧問／毛國樑　律師

總經銷／聯寶國際文化事業有限公司
221新北市汐止區康寧街169巷27號8樓
電話：+886-2-2695-4083
傳真：+886-2-2695-4087

出版日期／2015年9月　BOD一版　**定價**／210元
ISBN／978-986-5731-32-8

秀威少年
SHOWWE YOUNG

國家圖書館出版品預行編目

閱讀一點靈：深耕語文能力的二十二個小故事 / 廖
文毅編著. -- 一版. -- 臺北市：秀威少年，
2015.09
　　面；　公分. -- (兒童文學 ; 14)
　BOD版
　ISBN 978-986-5731-32-8(平裝)

　1.漢語教學　2.閱讀指導　3.小學教學

523.311　　　　　　　　　　　　　104011412

讀者回函卡

感謝您購買本書，為提升服務品質，請填妥以下資料，將讀者回函卡直接寄回或傳真本公司，收到您的寶貴意見後，我們會收藏記錄及檢討，謝謝！如您需要了解本公司最新出版書目、購書優惠或企劃活動，歡迎您上網查詢或下載相關資料：http:// www.showwe.com.tw

您購買的書名：＿＿＿＿＿＿＿＿＿＿＿＿＿＿＿＿＿＿＿＿

出生日期：＿＿＿＿＿年＿＿＿＿＿月＿＿＿＿日

學歷：□高中 (含) 以下 　　□大專 　　□研究所 (含) 以上

職業：□製造業 　□金融業 　□資訊業 　□軍警 　□傳播業 　□自由業
　　　□服務業 　□公務員 　□教職 　　□學生 　□家管 　□其它＿＿＿

購書地點：□網路書店 　□實體書店 　□書展 　□郵購 　□贈閱 　□其他

您從何得知本書的消息？

　□網路書店 　□實體書店 　□網路搜尋 　□電子報 　□書訊 　□雜誌
　□傳播媒體 　□親友推薦 　□網站推薦 　□部落格 　□其他＿＿＿＿＿

您對本書的評價：(請填代號　1.非常滿意　2.滿意　3.尚可　4.再改進)

　封面設計＿＿＿ 　版面編排＿＿＿ 　內容＿＿＿ 　文／譯筆＿＿＿ 　價格＿＿＿

讀完書後您覺得：

　□很有收穫 　□有收穫 　□收穫不多 　□沒收穫

對我們的建議：＿＿＿＿＿＿＿＿＿＿＿＿＿＿＿＿＿＿＿＿

＿＿＿＿＿＿＿＿＿＿＿＿＿＿＿＿＿＿＿＿＿＿＿＿＿＿＿＿

＿＿＿＿＿＿＿＿＿＿＿＿＿＿＿＿＿＿＿＿＿＿＿＿＿＿＿＿

＿＿＿＿＿＿＿＿＿＿＿＿＿＿＿＿＿＿＿＿＿＿＿＿＿＿＿＿

11466
台北市內湖區瑞光路 76 巷 65 號 1 樓

秀威資訊科技股份有限公司　　　收

BOD 數位出版事業部

....

（請沿線對折寄回，謝謝！）

姓　　名：＿＿＿＿＿＿＿＿＿　年齡：＿＿＿＿＿　性別：□女　□男

郵遞區號：□□□□□

地　　址：＿＿＿＿＿＿＿＿＿＿＿＿＿＿＿＿＿＿＿＿

聯絡電話：(日) ＿＿＿＿＿＿＿＿＿＿　(夜) ＿＿＿＿＿＿＿＿＿＿

E-mail：＿＿＿＿＿＿＿＿＿＿＿＿＿＿＿＿＿＿＿＿＿